广州华商学院国际商务校级重点学科建设资金资助

经济管理学术文库·管理类

大规模定制家具行业
顾客感知价值研究

Research on Customer Perceived Value of
Mass Customization in Furniture Industry

余家军／著

经济管理出版社
ECONOMY & MANAGEMENT PUBLISHING HOUSE

图书在版编目（CIP）数据

大规模定制家具行业顾客感知价值研究/余家军著.—北京：经济管理出版社,2023.10
ISBN 978-7-5096-9422-0

Ⅰ.①大…　Ⅱ.①余…　Ⅲ.①家具工业—工业企业管理—市场营销学—研究　Ⅳ.①F407.885

中国国家版本馆 CIP 数据核字（2023）第 213423 号

组稿编辑：杨　雪
责任编辑：杨　雪
助理编辑：王　慧
责任印制：许　艳
责任校对：蔡晓臻

出版发行：经济管理出版社
　　　　　（北京市海淀区北蜂窝 8 号中雅大厦 A 座 11 层　100038）
网　　址：www. E-mp. com. cn
电　　话：(010) 51915602
印　　刷：唐山玺诚印务有限公司
经　　销：新华书店
开　　本：720mm×1000mm/16
印　　张：11.75
字　　数：205 千字
版　　次：2023 年 12 月第 1 版　　2023 年 12 月第 1 次印刷
书　　号：ISBN 978-7-5096-9422-0
定　　价：78.00 元

前　言

随着我国城乡居民收入水平和生活质量不断提高，城乡居民的购买力大幅提升，家庭对居住空间和居住环境逐步重视起来，家具行业传统的生产模式和经营模式已经无法有效满足消费者对于家具产品和服务个性化的需求，消费者对大规模定制家具的需求与日俱增。因此，精准理解和满足顾客的需求对大规模定制家具行业的可持续发展具有重要意义。在当今竞争激烈的市场环境中，大规模定制家具作为近年来逐渐崭露头角的一种家具生产与服务模式，为消费者提供了更加个性化和人性化的产品与服务。

顾客感知价值（Customer Perceived Value，CPV）就是顾客所能感知到的利益与其在获取产品或服务时所付出的成本进行权衡后对产品或服务效用的总体评价，这种认知和评价直接影响着消费者的购买决策。顾客感知价值体现的是顾客对企业提供的产品或服务所具有价值的主观认知，而区别于产品和服务的客观价值。因此，深入研究和理解顾客在大规模定制家具行业的顾客感知价值，对于企业制定有效的市场策略、提升产品和服务质量、增强顾客忠诚度具有重要的理论和实践意义。

本书基于定性研究方法，探讨大规模定制家具行业顾客感知价值的议题。本书基于方法—目的链理论（Means-End Chain Theory，MEC），借助软式阶梯法对受访者进行一对一的深度访谈，利用内容分析法构建意涵矩阵，并绘制顾客感知价值阶层图，以此了解大规模定制家具消费者的购买动机与决策过程，进而分析大规模定制家具行业顾客感知价值的形成路径及其内在机理，为大规模定制家具企业提升顾客价值、构建竞争优势提供管理启示。

本书共包括七章。第一章对本书的研究背景、研究对象、研究目的与意义、研究内容与创新之处进行介绍，提出本书的研究框架；第二章系统梳理了大规模定制、大规模定制家具、大规模定制家具顾客价值、方法—目的链等基本概念及其相关理论，并阐述了方法—目的链理论在营销领域的应用以及对营销实践的启示；第三章结合大规模定制家具行业的发展历程、定制模式与生产实践案例，探讨了大规模定制家具生产实践与发展态势；第四章详细讲解了本书的研究方法、研究设计以及研究全过程，并借此详细介绍了定性研究、阶梯法、内容分析法、意涵矩阵以及价值阶层图等研究方法和研究工具的使用方式；第五章基于对受访者访谈内容的分析结果，探讨大规模定制家具消费者的购买动机与决策过程，进而分析大规模定制家具行业顾客感知价值的形成路径及其内在机理；第六章从消费者选择大规模定制家具的影响因素与特征、消费结果与价值实现等方面总结本书的研究成果，并为大规模定制家具企业提升顾客价值、构建竞争优势提供管理启示；第七章对本书的研究局限进行概述，并提出对大规模定制家具行业顾客感知价值后续相关研究的展望。

本书的研究成果不仅可以为企业有效运用各种管理策略来引导和优化顾客感知价值提供了理论依据，也为管理者更好地规划和组织营销活动、提升顾客价值、构建竞争优势提供了启示及借鉴。同时，本书对定性研究、阶梯法、内容分析法、意涵矩阵以及价值阶层图等研究方法和研究工具的使用方式进行了详细介绍，可作为营销管理领域的工具书。本书的研究是在广州华商学院的资助下完成的。在本书的出版过程中，经济管理出版社编审人员以亲切严谨的工作态度与工作作风，给予大力支持和帮助。在此，向所有为本书出版给予辛勤付出的朋友们致以最诚挚的谢意！

余家军

2023 年 12 月

目　录

第一章 绪 论

本章对本书研究背景、研究对象、研究目的与意义、研究内容与创新之处进行说明。

第一节 研究背景

本节将从实践背景、理论背景和行业背景三个方面对本书的研究进行阐述。

一、实践背景

大规模定制家具因其设计个性化、安装便捷化以及空间利用率高等特点而广受消费者偏爱。国家统计局数据显示，2022 年，中国常住人口城镇化率已达到 65.22%。在我国城镇化进程加快的大背景下，城镇人口的持续增长带动各省市住房刚需的增长。近年来，我国各省市区域市场房价涨势较快，消费者对房屋空间利用率要求日益提高。同时，随着城乡居民收入水平和生活质量不断提高，城乡居民的购买力大幅提升，对家庭居住空间和环境逐步重视起来，家具行业传统的生产模式和经营模式已经无法有效满足消费者对于家具产品和服务个性化的需求，消费者对大规模定制家具的需求与日俱增。根据中投顾问发布的《2023—2027 年中国定制家具行业深度调研与投资前景预测报告》（以下简称《2023—

2027 年定制家具行业预测报告》），中国定制家具行业已步入快速成长的阶段。家庭消费者对家具自主设计的意识日益增强，在一线、二线城市高房价背景下，家庭消费者尤其是"80 后""90 后"不仅希望定制家具兼顾功能实用和空间利用率高，还希望能体现其对时尚潮流的追求。随着"80 后""90 后"群体成为家具购买的主流，消费者开始重视家具产品的个性化表达，更倾向于高品质、高颜值、更独特的定制家具产品。在顾客个性化需求的推动下，定制家具理念将更普及、被更多的消费者所接受。

《2023-2027 年定制家具行业预测报告》显示，2021 年，我国定制家具企业欧派家居（603833）、索菲亚（002572）、志邦家居（603801）、尚品宅配（300616）、金牌橱柜（603180）、好莱客（603898）、我乐家居（603326）、顶固集创（300749）、皮阿诺（002853）九大上市公司的营业收入合计为 545.26 亿元，2022年九大定制家具上市企业共计实现营业收入约 544.57 亿元（见表 1-1）。从单个企业的营收情况来看，欧派家居成为定制家居行业首个突破 200 亿元大关的公司，行业龙头地位不断夯实。

表 1-1　2020~2022 年九大上市公司的年度营业收入及增长率

公司名称（股票代码）	2022 年（亿元）	2021 年（亿元）	2020 年（亿元）	2022 年营收增长率（%）
欧派家居（603833）	220	200	147	9.96
索菲亚（002572）	112	104	83	7.84
志邦家居（603801）	53.8	51.5	38.4	6.17
尚品宅配（300616）	53.1	73.1	65.1	-48.39
金牌橱柜（603180）	35.53	34.48	26.4	-18.03
好莱客（603898）	28.23	33.71	21.83	-16.25
我乐家居（603326）	16.66	17.25	15.84	-3.43
顶固集创（300749）	10.73	12.98	8.72	-17.32
皮阿诺（002853）	14.52	18.24	14.94	-23.63

索菲亚突破百亿元营收目标，与第三位尚品宅配之间的差距拉大到 30 亿元

左右。从《2023-2027 年中国定制家具行业深度调研与投资前景预测报告》中分品类看，大规模定制家具品类主要集中在定制橱柜和衣柜，其中前者的渗透率约为 60%、后者的渗透率约为 30%，这主要是因为厨房、卧室布局差异性大，消费者对提高空间利用率需求迫切，且定制橱柜和衣柜由国外引入的时间也比较早所致。未来定制橱柜和衣柜的渗透率仍将不断提高，市场规模将继续扩大，行业发展会持续受到关注。

工业化和信息化的融合，对传统产业转型升级起到了积极的推动作用，家具行业开始从依赖成本竞争转向提升家具生产者的服务水平和家具产品的科技含量及附加值。"工业 4.0"是以智能制造为主导的"第四次工业革命"，被认为是全球制造业未来发展的必然趋势。随着"中国制造 2025"的提出，出现以"工业 4.0""互联网+""工业化和信息化融合""个性化定制，柔性化生产"为主旋律的创新驱动，家具企业的生产方式不再局限于传统经济时代的大规模生产模式。同时，随着制造业与服务业行业界限的淡化，家具企业以制造为基础，逐渐由生产型制造转向服务型制造、由家具产品制造商转向家居系统解决方案服务商。如定制家具、集成家具、全屋定制等模式。制造业服务信息化会对顾客价值创造产生深刻影响（刘美欣，2023）。大规模定制通过为顾客量身定制产品或服务满足其个性化需求来提高顾客感知收益，因此被认为是满足消费者偏好的有效途径。目前，中国定制家具行业的行业空间仍在扩容，市场规模不断增长，增速下滑后趋稳，量增趋势持续保持。2021 年，中国定制家具行业的市场规模已经突破 4000 亿元，同比增速超过 9.00%，行业保持良好的发展态势（中商产业研究院，2022）。2022 年，中国大规模定制家居产业市场规模达 2620 亿元人民币（于聪聪和叶晓勇，2023）。

未来，大规模定制家居行业中没有核心竞争力的企业在家具行业里很难实现长远发展，没有品牌影响力的企业生存空间也会越来越小，而且未来竞争还会更加激烈。Kim（1997）研究发现，许多持续创收且盈利高涨的企业具有一个共同的特征，即树立了价值创新的战略思想。所以，大规模定制家具企业迫切需要创新竞争战略，为企业竞争优势的形成探索新的源泉。Kotler（1991）认为，交易的目的是在买卖过程中增加双方的价值，为此要基于顾客角度了解其从产品的消费经验中获得了哪些价值。关于价值的内涵，人们的理解千差万别。作为管理学的一个独特分支，营销学主要研究处于竞争中的企业与顾客之间的关系，营销学中的价值主要是指顾客价值。顾客价值是由于企业的参与而能够为顾客带来的利益。在营销实践过程中，对同一商品或服务，作为厂商的企业的感知和顾客的感知往往存在着差异。Kotler（1994）曾引入顾客让渡价值概念，倡导将顾客价值、顾客满意与顾客忠诚作为营销学的基本概念。Woodruff 和 Gardial（1996）则强调，要重视目标顾客创造、沟通和传递的卓越价值。Woodruff（1997）指出，任何脱离顾客价值的企业竞争力都难以持久，企业的核心竞争力在于对顾客价值的创造，为顾客创出价值能够为企业带来长久持续的竞争优势，并号召学术界加强对顾客价值的研究。Gale（1994）认为，唯有将顾客价值纳入优先考虑策略中，才能促使企业持续发展并实现基业长青。因此，大规模定制家具厂商要想在激烈的市场竞争中获得竞争优势并持续发展，必须集中企业各类资源为大规模定制家具顾客创造价值、沟通价值和传递价值。

二、理论背景

虽然人们在顾客价值的理解上存在很大分歧，但是这并没有影响顾客价值优势在整个企业竞争优势层级中处于最高级的地位。学术界关注与探究顾客价值的驱动力，来源于企业从以生产为中心到以市场和顾客需求为中心的营销哲学的转变。如图 1-1 所示，随着时间的推移，不同营销管理理论视角下价值链接的主体发生了变化，由早期的商品作为价值链接主体发展到今天的顾客本身作为价值链接主体。可见，不同营销管理理论视角下价值链接主体是不断转换的，充分说明了市场和商业环境的变化对企业运营管理提出了新的要求。不同营销观点之间的另一个独特的分界因素是标示的价值创造的纽带。价值纽带指的是价值创造的中心点和焦点。随着时间的推移，纽带和焦点的变化被描绘成在不同理论营销管理视角中的表现，这种变化可以解释为反映了市场和商业环境的变化。在传统意义上，价值被形容为由厂商（供应商）根据交换的价值创造的，在此观点的基础上，被交换的货物是重点。价值被视为主要由服务供应商控制，并被定义为价值创造。

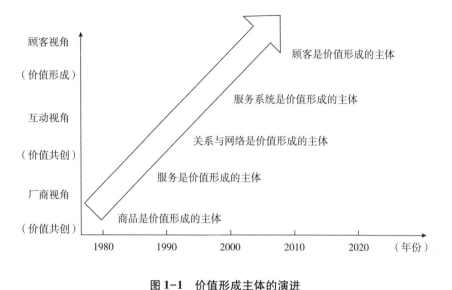

图 1-1 价值形成主体的演进

资料来源: Heinonen K, Strandvik T. Reflections on customers' primary role in markets [J]. European Management Journal, 2018, 36 (1): 1-11.

20世纪80年代, 在早期的服务管理研究时期, 与顾客的互动被引入作为与产品营销相比的差异化因素 (Grönroos, 1982)。价值被描述为"感知服务价值", 本质上是考虑顾客体验与对所提供服务的解释, 而不是供应商如何设计和提供服务。因此, 有专家建议, 任何公司都可以被视为服务公司, 并且可以通过应用基于交互的流程试图来获得成功 (Grönroos, 1982)。在当前的服务管理研究中, 供应商和顾客之间的相互作用和联系点通常被认为是价值创造的方式。管理者不仅要关注超越核心服务的联系点, 还要认识到顾客价值创造 (Richardson, 2010; Rosenbaum and Otalora, 2017) 和扩展的价值创造过程 (Heinonen et al., 2010; Grönroos and Voima, 2013)。价值被认为是在这些接触点中创造的, 并被定义为"共同创造价值"。"共同创造价值"概念的引入, 增强了互动作为一个基本概念的地位。例如, 根据服务主导逻辑, "共同创造"被公理化地假设为价值创造的基础, 目的是基于系统观点考虑影响价值创造的多种因素。另外, 这种推理是以供应商和顾客之间的合作关系为基础的, 供应商和顾客被认为在共同创造价值方面相互有着相同利益。

相比之下，顾客主导逻辑（Customer-Dominant Logic，CDL）是从顾客的角度出发来处理价值，并挑战了当前的假设，即价值仅在互动中创造，单一的供应商或服务系统在价值形成的过程之中发挥着主导作用。在 CDL 中，对于价值形成的表达，有人认为，不同形式的生态系统对企业的品牌管理、促销计划、市场分析和总体战略决策具有重要意义（Kumar，2014）。在服务管理学科中，人们越来越重视企业的生态系统，这与传统的专注于由单一公司和客户组成的服务二元体不同（Fisk et al.，1993）。服务系统的重点是服务提供商组织内的结构和流程体系（Kingman-Brundage et al.，1995）。服务系统的另一种观点是关于企业行为者之间的网络（Snehota，1995），强调综合系统层面和网络，而不是单独的企业行为者，即要么是服务提供商对服务系统的看法，要么是总体看法。目前的研究正朝着强调企业宏观层面的方向发展，例如，研究的重点是多个不同的参与者如何提供服务系统（Vargo-Lusch，2017）。这种对系统的日益重视，如产品生态系统（Kumar，2014）、服务交付网络（Tax et al.，2013）、网络产品（Moeller et al.，2013）和服务系统（Akaka et al.，2013）导致人们更加关注普通参与者，从而忽视了客户。因此，顾客主导逻辑建议应该关注客户生态系统。

客户生态系统被定义为与特定服务和与客户相关的参与者系统（Heinonen et al.，2010）。虽然活动、做法和经验出现在生态系统中，但总体结构依然是行动者的配置。除个人以外的参与者也可能属于生态系统，如同一行业的不同服务提供商、其他行业的服务提供商和其他客户。客户生态系统不同于服务系统，有人认为，客户代表了服务体系中的特定倾向："在服务提供商体系中为客户设计的职位，以及客户愿意并能够在提供商的社会体系中扮演的角色（Edvardsson et al.，2011）。"但在客户生态系统中，客户的位置不是指服务提供商系统中的位置，而是指客户在自己的生态系统中相对于其他参与者（如家人和朋友）所处的位置，并作为其社交系统的一部分。客户的生态系统代表了一个不断变化的影响者，影响着他或她的行为和服务体验。因此，价值不是在厂商（供应商）的服务（生态）系统中创造的，而是在客户的生态系统中迅速形成的。

由于顾客价值在吸引和保留顾客方面发挥着重要作用，在过去 20 多年里，顾客价值理论获得了营销学界的广泛关注（Holbrook，1994；Zeithaml et al.，1996；Woodruff，1997；Bolton et al.，2000；Joseph et al.，2000；Parasuraman and Grewal，2000）。杰罗姆·麦卡锡（E. Jerome McCarthy）于 1960 年在其《基础营销》一书中第一次将企业的营销要素归结为四个基本策略的组合，即著名的"4P"理论：产品（Product）、价格（Price）、渠道（Place）、促销（Promotion），该理论揭示了营销的本质活动产生了让消费者记忆和传播的力量。在 4P理论的基础上，Lauterborn（1990）所提出的 4C 理论，即 Customer（顾客的需求和欲望）、Cost（顾客的成本和费用）、Convenience（顾客购买的便利性）、Communication（企业与顾客的沟通），以顾客需求为导向，强调企业不仅应该注重顾客满意度，努力降低顾客的购买成本，还应以顾客为中心实施有效的营销沟通。4C 理论在相当长的时期内被视为营销学界对顾客价值诠释的典范，其中 4C 基于传统营销组合 4P 理论从企业角度出发制定市场战略和营销决策，因而忽视了消费者的行为动机和价值追求。因此，随着市场竞争和商业环境的变化，营销理论应该注重顾客需求，务必由产品、渠道、价格、促销转向顾客需求、沟通、成本、便利。同时，Kotler（1994）则引入顾客让渡价值概念，倡导将顾客价值、顾客满意与顾客忠诚作为营销学的基本概念。Zeithaml（1988）提出顾客感知价值的概念，认为顾客感知价值是顾客基于感知的所得与所失对产品或服务效用的整体性评价。他还认为顾客价值是由顾客而非企业决定的，顾客价值实际上是顾客感知价值（Customer Perceived Value，CPV）。Holbrook（1994）认为，顾客感知价值是企业营销活动的最基本要素，顾客满意度、顾客忠诚度、顾客购买意图和购买决策等都与其有着直接或间接的联系。Woodruff（1997）指出，任何脱离顾客价值的企业竞争力都将难以持久，企业的核心竞争力在于对顾客价值的创造，为顾客创造价值能够为企业带来长久持续的竞争优势，并号召学术界加强对顾客价值的研究，也因此引起了国内外学者对探讨顾客价值相关研究的高度重视，并产出良好的研究成果。

国内学者顾巧论（2007）参考 SCSB 模型、ACSI 模型的一些核心概念和架构，依据大规模定制行业的行业特点进行调整，从而建立了大规模定制的顾客满意度指数（Mass Customization Customer Satisfaction Index，MCCSI），即 MCCSI 模型。MCCSI模型把顾客满意度的前置因素划分成企业形象、顾客期望、顾客感知价值和顾客关系等，其中感知价值又受到感知利润和感知成本的影响。王晶等（2008）验证了大规模定制中顾客满意度和顾客参与程度之间存在的强正相关关系，并且使用Logistic曲线方程进行拟合，提出了在产品定制过程中不同阶段的顾客参与对于顾客满意度的贡献不同的观点，认为定制产品的构思、设计阶段是对顾客满意度影响的阶段。例如，顾客价值模型建立（Colombo and Jiang，1999）、顾客价值前置影响因素（Manyiwa and Crawford，2002；Weinstein，2002）、顾客价值直接影响效果（Holbrook，2006）、顾客价值内涵（Woodruff，1997）。由此可见，顾客价值议题一直备受学术界重视，尤其是新的消费时代顾客价值内涵亟待深入研究。

顾客价值理论为企业提供新型竞争思维，将企业竞争方向由产品或服务转向消费者，从而构建企业竞争优势。顾客感知价值是顾客所认为的购买或消费某种产品或服务可能为其带来的利益。创造顾客价值的主要目的是提高顾客对企业的忠诚度和满意度，进而建立企业与顾客的良好关系，以创造顾客价值为创造企业利润的基石。20世纪90年代以来，有学者开始从消费者视角对顾客价值开展探究，从不同视角阐述对顾客价值的理解，随着顾客价值的认知不断深化，逐渐形成了较为完善的理论架构（Holbrook，1994，1996，1999）。尽管不同学者对顾客价值构成的称谓不同，但其本质内涵颇为相似（Babin et al.，1994；Holbrook，1996；Park，2004）。其中，Woodruff（1997）基于方法—目的链（Means-End Chain，MEC）理论把顾客价值演绎得淋漓尽致。

方法—目的链理论探讨消费行为与个人价值关联的理论，根据抽象程度可分为产品属性、消费结果和价值取向，即消费者如何通过产品或服务的选择和使用，以促进自己达到想要的最终状态（Gutman，1982）。方法是人们从事的活动或事务，即消费商品；目的则是个人所追求的终极状态，即个人价值（value）。在营销理论领域，方法是指产品属性以及这些属性所产生的结果，有正面的结果也有负面的结果。产品属性是指产品本身所固有的性质，是该产品区别于其他产品性质的集合。结果是指个人拥有、使用或消费这款产品过程中所经历的与个人相关的经验。价值分为工具价值（instrumental values）与最终价值（terminal values）（Rokeach，1968，1973）。最终价值包括富足而安乐的生活、成就感、社会认可、平等、自由、自尊、国家安全等，而野心、胜任能力、礼节、责任感、自制力、独立、创造力、宽恕等则属于工具价值。最终价值是 MEC 理论的中心，而工具价值是个人为达成最终价值而使用的手段及方法。举例来讲，人们要想在工作中获得成就感，即要获取最终价值，就必须要用认真、严肃的态度去做好本职工作、锻炼自己胜任工作的能力，这种态度、能力就属于工具价值。消费者一般会有产品属性、使用结果和个人价值三个层面不同的认知，如何将这三个层面的认知组成一种简单的逻辑链接，进而发挥其系统功能，这便是方法—目的链理论应用于探讨顾客感知价值研究的主要目的。

三、行业背景

（一）定制家具行业背景

20 世纪 90 年代，世界经济复苏，建筑业的发展和人民生活水平的提高使得世界各国对于家具产品的需求快速增长。家具行业从传统手工业逐渐发展成为一个以机械化生产为主、门类齐全、基本能满足经济建设和人民生活需要的重要产业。

当前，我国不仅是全球最大的家具出口国，也是全球最大的家具生产国，家具生产模式实现由传统加工业向现代化工业的转变。在技术发展迅速、产品迭代频繁、市场竞争日益激烈的社会大环境下，家具行业从初步工业化向工业信息化转型，我国家具市场需求与制造基地由沿海向内陆转移，并迫切需要在工业素质和制造技术等方面进行提升与创新。随着生活水平的提高和对生活品质的追求，人们对个性化产品或服务的消费需求不断增强。顾客在购买产品或服务时，不仅要关注产品或服务的实用性，更要重视产品或服务能否充分彰显个性、智慧、自我价值等，这迫使企业要提供符合顾客需求的产品和服务。2014 年至今，定制家具行业蓬勃发展，定制家具顺应消费者从关注产品及服务的实用性逐渐转变为更注重彰显个性化消费的变化趋势，在不断吞噬着传统成品家具产业的市场份额，成为 21 世纪广泛流行的生产方式。

定制家具行业正式进入中国始于 2000 年，发展至今虽仅有 20 多年的时间，但却呈现出非常迅猛的发展态势。2000年，法国品牌索菲亚旗下的家具产品——墙壁柜及移动门进入中国家具市场。2001年，移动门品牌相继进入中国家具市场，其中波兰科曼多、美国史丹利、德国富禄等品牌为典型代表，开启了定制化移动门在中国的发展序幕。2002年，入墙柜和衣帽间步入人们的视线。2004年，顶固集创、好莱客、尚品宅配、玛格等定制家具创始品牌相继加入中国定制家具市场，标志着定制行业的日益成熟。2005年，定制衣柜行业出现了分化，定制衣柜行业中分成了主营柜体产品和主营移门产品两种企业。其中，主营柜体产品的企业主要有索菲亚、好莱客，而以顶固集创等品牌为代表的企业则主营移门产品。2007年，中国定制家具行业市场发展期前景逐渐显露。2008年，"定制家具"的概念由正在进行品牌升级的玛格正式提出，自此，"定制家具"的叫法才逐渐广泛使用于家具行业。同年，尚品宅配正式提出"全屋家私数码定制"的概念，并且完成了全屋产品的差异化研发设计，实现了全屋的完全定制，为定制家具行业打下了坚实基础。尚品宅配的成功是家具行业大规模定制的历史性突破。现代信息技术与制造技术的有机结合，助推了"大规模定制家具制造技术"重点领域和方向的发展，推动了家具行业由传统家具制造向信息化制造的转型升级。定制家具是家具行业在消费升级趋势下的衍生产品。定制家具以其个性化表达、定制化生产等特点，不仅很好地满足了当前家具行业消费者对于个性化的表达，以及房屋空间利用率的追求，还在一定程度上有效地规避了家具企业生产滞销的风险。在我国当前消费升级的大趋势下，依托于家具企业生产力的发展，定制家具行业俨然成为家具行业中不可小觑的一个新爆点。

定制家具行业在2010年之后经历了一段快速发展期。随着精装房政策和家装公司的兴起，定制家具逐渐成为市场的主流。这些因素使得定制家具的需求不断增加，同时也促进了定制家具行业的规模扩张。在这个时期，一些大型的定制家具企业逐渐崛起，并开始在市场上占据主导地位。这些企业通常拥有自己的生产工厂和销售渠道，能够提供全屋定制家具的服务（见图1-2）。他们通过采用先进的生产技术和严格的质量控制，在提高产品的质量和附加值的同时也降低了成本，进一步推动了定制家具的普及。

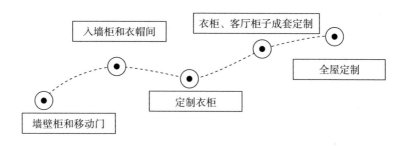

图 1-2 定制家具发展路线

另外，随着消费者对居住环境和个性化需求的不断提高，定制家具开始成为一种时尚和品质的象征。消费者越来越注重家具的外观、材质和设计风格，同时也对家具的环保性能和健康标准提出了更高的要求。因此，定制家具企业需要不断创新和进步，以满足消费者不断提高的需求。

目前，定制家具行业还面临着一些挑战：一方面，市场竞争日益激烈，企业需要不断提高产品的质量和附加值，以增强自身的竞争力；另一方面，随着原材料价格的上涨和环保要求的提高，企业的生产成本也在不断增加。因此，企业需要加强成本控制和供应链管理，以保持可持续的盈利能力。

（二）大规模定制生产模式

经济全球化进程的加快，信息通信技术的不断发展，使得企业之间竞争发生了改变，成本和质量仍然是企业在竞争中获得成功的必要条件，但已不再是企业在竞争中制胜的关键。我国在后疫情时代的经济复苏，以及国家全面放开三胎的政策让大规模定制生产站在了新的风口之上。企业之间的竞争开始转向基于顾客需求的竞争，传统的生产方式受到来自各个方面的巨大挑战。随着工业化和信息技术的发展，国民购买力日益增强，传统制造业（如家具企业）所面临的市场环境已经发生了翻天覆地的变化，迫使企业以接近大规模生产的成本和效率向客户提供个性化的产品和服务，从而使大规模定制模式成为 21 世纪企业适应市场变化和提高客户满意度的理想选择，大规模定制作为一种新的生产方式应运而生。

20 世纪 70 年代以来，随着计算机技术进入制造领域，在信息处理、自动控制等方面为制造技术注入了活力。同时，计算机和信息技术的广泛应用，既改变了人们的生产、生活方式，也改变了产业革命以来的价值观念，使得个性化消费成为时尚，使小批量、多品种需求一度成为市场的基本范式。并行工程（Concurrent Engineering，CE）、精益生产（Lean Production，LP）、柔性化生产系统（Flexible Manufacturing System，FMS）、成组技术（Group Technology，GT）、计算机集成制造系统（Computer Integrated Manufacturing System，CIMS）等先进的生产技术的出现，为大规模定制生产方式的创立打下了基础。

由大规模生产方式发展而来的大规模定制生产模式，在很大程度上克服和解决了规模生产的缺点。大规模定制生产集合了大规模生产和定制生产这两种生产方式的优势，能在不牺牲企业经济效益的前提下，准确而高效地满足消费者个性化的消费需求，从而使企业生产者在竞争中拥有更强的竞争力和优势。一般来说，企业能在大规模基础上提供定制化产品或服务，就能在同行业的竞争中获取更大的主动权和优势。正因如此，大规模定制生产这种能为客户提供定制化的产品、全面提高客户满意度而又不牺牲企业效益的新型生产方式目前在制造业广受欢迎，越来越多的企业采用这种生产方式，包括戴尔、丰田、摩托罗拉、惠普、宜家、李维斯等在国内外有影响力的品牌和企业。大规模定制生产方式以迅猛的发展势头在制造业和服务业中得到广泛的应用，在行业竞争中成为企业追求竞争优势的一种必然趋势。

（三）大规模定制家具发展历程

第一阶段，20 世纪 80~90 年代，萌芽阶段。

大规模定制家具的发展历程可以追溯到 20 世纪 80 年代初期，当时家具行业开始出现定制化趋势。一些企业开始尝试将定制家具引入市场，以满足消费者对个性化、差异化的需求，这些企业主要是一些小型企业，它们根据消费者的需求进行手工制作，生产效率低下，成本高昂。随着消费者对居住环境要求的提高和市场竞争的加剧，传统的手工打造家具已经无法满足市场需求。因此，20 世纪 90 年代以后，成品家具开始逐渐流行。规模化生产、多地生产基地布局、制造效率提升、运输半径扩大、品牌性增强等优势使得成品家具在市场上占主导地位。但是，成品家具仍然无法满足消费者对个性化、差异化的需求。

第二阶段，21 世纪初，起步阶段。

随着科技的进步和消费者对居住环境要求的进一步提高，2000 年左右，定制家具开始盛行。借助现代化信息技术及柔性化生产工艺为消费者量身定制出的个性化家具成为市场新宠。定制家具的出现，使得消费者可以更加灵活地选择家具的材质、颜色、尺寸和设计风格，从而更好地满足其个性化需求。同时，由于定制家具是根据消费者的实际需求进行生产的，因此生产效率更高、成本更低、更加环保。

第三阶段：2010 年至今，发展阶段。

目前，中国家具制造业进入成长的快车道，营业收入保持稳步上涨，产能占据全球家具总产能 30%以上，成为全球第一大家具制造国。同时，中国目前有五大家具产业集群，分别是珠江三角洲家具产业区、长江三角洲家具产业区、环渤海家具产业区、东北家具产业区和西部家具产业区，这五大区域聚集了中国 90%的家具产能。其中，珠三角是目前中国家具业最发达和最集中的地区，家具产量占全国的 70%，出口额占全国家具出口总量的一半以上①。总的来说，大规模定制家具的发展历程是一个不断满足消费者需求、提高生产效率和降低成本的过程。在这个过程中，信息技术和制造技术的不断发展为大规模定制家具提供了技术支持和可行性。未来，随着消费者对个性化、差异化需求的不断提高和技术的不断创新，大规模定制家具将会继续朝着更加高效、灵活、环保和可持续的方向发展。

大规模定制家具在发展的过程中容易受到很多因素的影响。首先，消费者对个性化、差异化需求的不断提高将会推动大规模定制家具不断创新和进步。随着社会经济的发展和人们生活水平的提高，消费者对居住环境的要求也在不断提高，他们不仅要求家具的功能全、质量好，还要求家具的设计要符合自己的个性和品位。因此，大规模定制家具企业需要不断创新和进步，以满足消费者不断提高的需求。

其次，技术的不断创新将会为大规模定制家具提供更加广阔的发展空间。目前，一些先进的制造技术和信息技术已经被应用到家具行业中，如数字化制造、3D 打印、物联网等。这些技术的应用将会进一步提高生产效率和降低成本，同

---

① 资料来源：中华整木网，https：//m. cnzhengmu. com/show-6-22918. html。

时也将会为大规模定制家具带来更多的可能性。例如，数字化制造可以通过计算机辅助设计软件将家具的设计数据转化为生产指令，实现快速制造和生产；3D打印技术可以通过将材料逐层堆积的方式制造出各种形状的家具部件，提高生产效率和降低成本；物联网技术可以通过将家具连接到互联网上实现智能化控制和管理，提高产品的附加值和市场竞争力。

最后，大规模定制家具企业需要加强供应链管理和品牌营销等手段来提高产品的质量和市场竞争力。在供应链管理方面，企业需要建立完善的供应商管理体系和库存管理体系，保证原材料的质量和供应稳定性；在品牌营销方面，企业需要通过加强产品质量和服务质量来提高产品的附加值和市场竞争力；同时还需要通过各种营销手段来提高品牌知名度和美誉度。因此，随着消费者对个性化、差异化需求的不断提高和技术的不断创新将会为大规模定制家具带来更多的机遇和挑战。在大规模定制家具行业中也将会出现更多的新模式和新服务来满足消费者的需求和提高企业的竞争力，同时也将会推动整个家具行业的不断发展壮大，为人们的生活带来更多的便利和舒适。

第二节　研究对象、目的与意义

研究方法的选择主要取决于研究对象、目的与意义。选择合适的研究方法是顺利开展研究工作的关键，对于研究结果的严谨性和有效性尤为重要。研究方法要能够敏锐而有效地回答研究者想要探究的问题。可见，研究方法不仅是研究工作的形式与程序，更是一种思考方式。

本书的研究将方法—目的链理论作为理论基础，采用定性研究方法，以定制家具行业为例分析大规模定制下顾客的参与动机以及顾客对大规模定制家具属性的认知与目的结果的关联脉络，挖掘隐藏在大规模定制家具行业顾客参与定制家具背后的动机和需求，希望能够完整且清晰地呈现大规模定制家具行业顾客参与大规模定制家具的整个决策过程，以及购买后续的各种行为反馈，以期更为准确地把握大规模定制行业家具消费者参与家具定制的价值诉求，从而为大规模定制家具厂商构建并实施更为有效的市场战略和营销策略提供决策依据和经验借鉴。

一、研究对象

在一个竞争激烈的市场环境中，建立并维持竞争优势对企业而言始终是一个重要的战略命题，也是学术界普遍关注和研究的热点议题。企业的竞争优势源于企业能够为顾客创造价值（Poter，1985）。顾客感知价值是指顾客在与企业完成交易以后，对自己所收获的产品或服务的整体感受，是顾客对产品的功能、属性在具体的情形中是否达到目标的主观评价。对于顾客感知价值内涵的思考、顾客感知价值构成要素的识别和顾客感知价值各构成要素之间的关系，是顾客价值理论需要解决的关键问题。顾客对于产品属性、使用结果和个人价值三个层面存在不同认知，如何对这三个层面的认知进行逻辑思考，进而发挥其系统功效，这便是方法—目的链理论应用于探讨顾客价值研究的主要目的。因此，基于方法—目的链理论以探讨大规模定制家具行业顾客感知价值的内涵、构成要素和结构关系，从而勾画大规模定制家具行业顾客感知价值的形成路径。

二、研究目的与意义

（一）研究目的

综合上述研究背景和动机，本书的研究目的是探讨大规模定制家具行业顾客感知价值的内涵、构成要素及结构关系，并进一步分析不同属性大规模定制家具行业顾客感知价值的形成路径。具体而言，本书的研究目的有三个方面：①利用方法—目的链和阶梯访谈两种定性研究方法，分析消费者对大规模定制家具产品属性的认知结构、需求和动机；②探讨消费者对大规模定制家具使用结果的经历与感知；③分析大规模定制下家具行业顾客感知价值的内涵、构成要素和结构关系，并比较不同属性下大规模定制家具顾客感知价值形成的路径。

（二）研究意义

本书梳理了大规模定制家具理论、大规模定制家具顾客价值以及方法—目的链理论等相关研究成果，并在此基础上，探索顾客感知价值对大规模定制家具行业的影响。顾客感知价值属于营销学研究的前沿问题，而大规模定制家具行业发展势头正盛，因此本书对大规模定制家具行业顾客感知价值的研究，具有深刻的理论意义、社会意义与现实意义。

1. 理论意义

本书对大规模定制家具行业顾客感知价值进行研究，从营销管理的角度分析了顾客感知价值对大规模定制家具产品生产、销售等方面的影响，在梳理大规模定制、大规模定制家具、大规模定制家具顾客价值等理论的基础上，结合消费者对大规模定制家具行业的实际感知情况，研究大规模定制家具行业消费者的动机和行为，深化了大规模定制家具以及大规模定制产品关于顾客感知价值的研究，丰富了大规模定制家具领域的研究思路。本书以方法—目的链理论为基础，借由内容分析法构建意涵矩阵，进而绘制价值阶层图，以了解大规模定制家具消费者购买动机与决策过程，并对影响顾客购买定制产品意向的预测因素和作用效果进行深入探究，采用定性研究法探讨工业 4.0 环境下大规模定制顾客感知价值的内涵，使得在新技术环境下顾客感知价值议题研究得以进一步深入。由于目前国内对大规模定制家具行业顾客感知价值的研究亟待补充，因此本书以顾客感知价值为对象，既可以在一定程度上丰富营销学中的顾客感知价值理论体系，又可以为大规模定制家具乃至大规模定制领域的进一步研究奠定基础。本书积极倡导顾客感知价值理论在大规模定制家具以及其他大规模定制产品营销过程中的应用。

2. 社会意义

随着人们生活追求的转变，顾客需求越来越呈现多元化的特点，定制化的生产模式为顾客提供了更加个性化、专属化的产品，大规模的生产方式有助于企业降低生产成本，为顾客提供更优质的服务，获得更好的发展空间。在大规模定制家具行业中，顾客对于产品的感知价值往往是影响其购买决策的重要因素。因此，通过深入分析消费者的消费特征、文化特征等方面的数据，可以推进大规模定制家具行业向更为人性化的方向发展，减轻目标消费者和大规模定制家具企业之间的矛盾。通过对顾客感知价值的研究，可以更好地了解顾客的需求，提升企业营销水平，更有针对性地制定更加个性化的产品和服务策略，提高企业的市场份额和品牌价值，促进大规模定制家具企业盈利。同时，这也有助于推动大规模定制家具行业的发展，促进行业的升级与变革，推动家具产业向更加高端化、智能化和服务化的方向发展。综上所述，本书对于大规模定制家具顾客感知价值的研究，能帮助企业更好地了解和掌握消费者的消费需求以及价值取向，为大规模定制家具行业的发展提供更为坚实的基础。

3. 现实意义

研究大规模定制家具行业顾客感知价值对中国家具企业的转型升级具有重要的现实意义。在信息技术高速发展的今天，市场已经从传统的相对稳定型市场演变为动态多变型市场。随着市场需求的变化，以产品生产为中心的大批量生产方式已经不能完全满足客户千变万化的需求。因此，在这个背景下，本书中关于大规模定制家具行业顾客感知价值的研究和家具行业企业的生产与管理探索，以及对大规模定制家具顾客感知价值的研究，深入了解了顾客需求和偏好，为企业提供了更为精准的市场定位和产品设计。同时，通过对家具行业企业的生产与管理探索，可以为企业提供更为高效的生产管理和营销决策支持，提高企业的生产效率和市场竞争力，为大规模定制家具行业制定营销活动决策提供指导和借鉴，对大规模定制家具顾客感知价值的研究和对完善家具行业企业的生产与管理的探索具有重要的现实意义。为了适应动态多变型市场的需求，家具行业需要从以产品生产为中心的生产模式向以顾客需求为导向的定制化生产模式转型。大规模定制家具行业作为定制化生产的一种重要形式，具有巨大的市场潜力。因此，本书的研究对于推动中国家具行业的转型升级和提高行业竞争力具有重要的现实意义。

第三节 研究内容与创新之处

一、研究内容

本书的研究目的是基于方法—目的链理论探究大规模定制家具行业顾客感知

价值的内涵、构成要素及形成路径，并进一步探索本书结论的理论意义，以及该研究结论对营销策略的启示，为大规模定制家具企业提升顾客价值、构建竞争优势提供管理启示和借鉴。为此，本书设计如下研究思路与流程（见图1-3）：

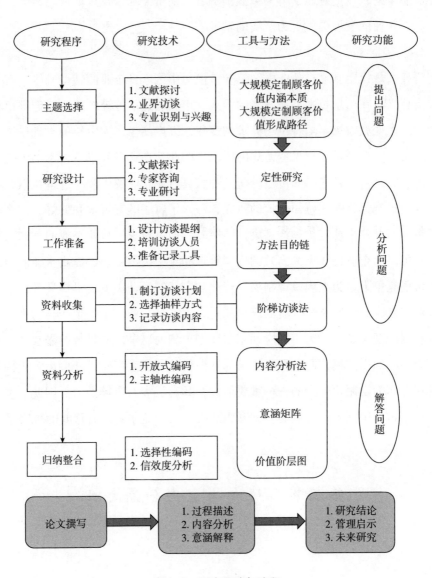

图1-3 研究思路与流程

首先，通过梳理已有文献，本书发现关于大规模定制家具行业顾客感知价值的研究较少，而大规模定制家具行业发展快速且竞争激烈，大规模定制家具顾客感知价值将会受到高度重视并将成为行业企业竞争的核心，此部分阐述本书所研究议题的意义与价值。

其次，通过对方法—目的链理论的起源、内涵及其在消费者行为领域的研究文献进行梳理，表明方法—目的链理论用于研究大规模定制家具行业顾客感知价值的适切性。

再次，采用定性研究以方法—目的链理论为基础，使用软式阶梯访谈技术访谈被访者对大规模定制家具的认知及想法，用内容分析法形成访谈阶梯并建立由属性、结果、价值三要素构成的大规模定制家具行业顾客感知价值的意涵矩阵，进而绘制形成大规模定制下家具行业的顾客感知价值阶层图（Hierarchical Value Map，HVM）。

最后，基于上述分析过程，本书从研究结论、管理启示和未来研究三个维度做出陈述总结。

二、研究范畴

顾客感知价值的理论架构以方法—目的链为基础，借助阶梯法诠释经由产品属性、消费结果形成最终价值的全部过程（Gutman，1982；Olson and Reynolds，1983）。阶梯法通过一对一的深度访谈将受访顾客的访问材料有效建立属性—结果—价值的关联结构，进而深入挖掘顾客内心追求的价值（Reynolds and Gutman，1988）。内容分析法是阶梯法最初的分析方法，为方法—目的链理论提供了分析工具（Reynolds and Gutman，1988）。内容分析法是阶梯法最初的分析方法，为方法—目的链理论提供了分析工具（Reynolds and Gutman，1988），其目的是简化访谈内容，从访谈内容中萃取重要的关键字句，将复杂且烦琐的访谈内容做出客观且有系统的分类，并将重要的信息内容加以量化（Kassarjian，1977），也可以说内容分析法是定性与量化并重的研究方法。研究是一个系统地思考问题、了解问题、发现问题和解决问题的动态过程，目的包括探索、描述、解释和预测。为了增加研究主题的严谨性、有效性，对本书的研究范围与研究对象做出明确规范，具体如下：

第一，本书研究的"大规模定制家具"定义为机械化、模块化和规模化生产的个性化定制家具，从顾客需求出发将个性化设计与工业化、标准化、规模化生产相结合，具备量身定做、节省空间、整体感强、材质环保等诸多优点。

第二，对本书的定性研究对象作如下界定：访谈对象选择为有房屋装修且参与过大规模定制家具购买经历的消费者，他们对家庭居住环境非常了解，会参与定制家具购买的全过程。

第三，消费者是指企业产品或服务的最终使用者和受益者，而顾客则是指与企业直接进行商业交往的个人或群体，本书研究时没有对两者之间的差异作严格区分，或者将两者等同对待。

第四，关于顾客价值的阐述大致可以分为三类。第一类是从顾客的角度出发，也就是顾客所感受到的价值；第二类是从企业的角度出发，企业能够给顾客创造的价值；第三类是从企业和顾客共同的角度出发，强调顾客和企业共同创造所产生的价值。本书研究是从顾客的角度出发，强调的是顾客感受到的价值，因此使用顾客感知价值的概念。

三、创新之处

(一) 研究主题具有创新性

本书对大规模定制家具行业顾客感知价值进行研究，在研究主题上具有一定创新性。随着新一代信息技术的快速发展，大规模定制已成为家具制造业的主流模式。大规模定制家具行业发展迅速、市场规模庞大、龙头厂商较多、产品品类齐全，市场竞争策略将由产品导向逐渐转向顾客导向，因而亟待深入挖掘顾客需求，并传递顾客价值。目前，国内关于大规模定制家具顾客感知价值的相关研究较少。鉴于此，为了解消费者对于大规模定制下家具的态度和看法，科学预测未来大规模定制家具的市场前景，提高大规模定制家具行业企业的生产效益，本书创新性地从顾客感知价值的角度切入，研究大规模定制家具行业消费者的动机和行为。

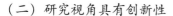

（二）研究视角具有创新性

本书借助心理学中的方法—目的链理论和新闻学中的内容分析法来研究大规模定制下顾客感知价值的形成机制，在研究视角上具有一定创新性。方法—目的链理论，最早是由心理学家米尔顿·罗克奇（Milton Rokeach）提出来的，到了20世纪70年代后期，由汤姆·雷诺兹（Tom Reynolds）和丘克·吉恩格勒（Chuck Gengler）把它运用到营销学上来研究消费者的行为，而本书将其与顾客感知价值的研究相结合，具有一定创新性。内容分析理论和方法具有人文学科、社会学、政治学和心理学的学科基础，本书将其应用大规模定制下顾客感知价值的相关研究，也具有较大创新性。这些研究无疑能够为企业的定制实践提供借鉴价值。

（三）研究方法具有创新性

本书在传统文献分析基础之上，基于方法—目的链理论借助阶梯法和内容分析法开展实证分析。阶梯法通过一对一的访谈来获取信息，从而理解产品属性层与用户价值层之间的联系。内容分析法最早应用于情报学研究，可追溯到20世纪40年代的战时情报分析（Wimmer and Dominick，2006），是一种对情报内容进行客观、定性、系统分析的方法。现代电子传播媒介的发展和社会科学中实际考察方法的诞生，使得内容分析法的应用范围得到了拓展。作为一种定性与定量相结合的研究方法，内容分析法在研究复杂的管理现象方面的应用日益成为学术界的研究热点。本书借助阶梯法和内容分析法对大规模定制家具行业顾客感知价值进行研究，在研究方法上具有一定的创新性。

第二章　基本概念与理论研究

第一节　大规模定制的理论渊源

一、大规模定制的起源

大规模定制（Mass Customization，MC）一词最早可追溯至 20 世纪 70 年代，美国未来学家阿尔文·托夫勒（Alvin Toffler，1970）在《未来冲击》（*Future Shock*）一书中从技术角度提出关于大规模定制生产模式的设想：未来社会将供应的是有史以来最多样化、非标准化的产品与服务，以满足客户特定需求。1987年，美国经济和商业趋势家（Start Davis）在 *Future Perfect* 中首次对大规模定制进行了定义，认为大规模定制是厂商获得竞争优势的重要源泉，他把技术发展水平与大规模定制的实施有机联系在一起，并指出大规模定制的必要条件。1993年，约瑟夫·派因（Joseph Pine Ⅱ）在《大规模定制——商业竞争的新前沿》中对大规模定制的内容进行了完整的描述，认为"大规模定制是在高效率、大规模生产的基础上，通过对产品结构和制造过程的重组，以及对现代信息技术、新材料技术、柔性技术等一系列高新技术的运用，以大规模生产的成本和速度为单个客户或多品种小批量定制生产任意数量产品的一种制造新模式，其最大优点是提供战略优势和经济价值"。Alizon（2007）认为，大规模定制本质上是一种在顾客服务领域日益发展的革命，通过协调订单管理、制造、渠道，为顾客提供能满足其确定需求的大批量制造的产品，并把制造产品的时间和生产成本控制在可接受的范围之内。

随后有学者对大规模定制的内涵进行了系统的解释，Pine（1993）、Hart（1995）、Duray 等（2000）从投入、产出的视角分析了大规模定制的内涵。实施大规模定制的产品策略、流程技术等是重要的研究方向（Hart，1995）。例如，Pine（1993）从成本效益的角度出发，认为大规模定制是"低成本、高质量、大批量"地向客户提供个性化的定制产品，他在《大规模生产——企业竞争的新前沿》一书中指出：大规模定制是在产品生产中运用现代信息技术、先进制造工艺与装备技术等现代先进技术，以大规模生产的成本和速度为消费者或小规模、多品种市场提供定制的个性化产品或服务，其核心在于不增加成本而是大幅度提升产品品种的多样化、定制化。David（1996）在其出版的《面向大规模定制的敏捷产品开发》一书中详细介绍了大规模定制的实施和应用方法，为如何实现柔性制造、降低产品多样化成本等提供了大量事实和案例，提出了面向产品族的产品开发与设计方法。大规模定制的敏捷产品开发提供了公司可用于增强敏捷性、改进品种、降低成本、更快地开发产品、加快交付速度和满足客户独特需求的前沿技术。

此后，大规模定制的重要性受到广泛关注，出现了大量的理论研究和实践应用。Eastwood（1996）认为，大规模定制就是为每一个顾客提供符合其独特要求的产品。学术界目前较认可的是 Tseng（1997）提出的大规模定制概念，即在不增加成本和交货期的基础上，以大批量效率生产出满足客户个性化需求的产品为目的，全面考虑制造运作系统的需求集合，包括产品品类的迅速增加、批量变小和订单到达的随机性增大等。

关于大规模定制的分类或分层问题，Wortmann（1992）将生产系统划分成按订单设计、按订单制造、按订单装配和按库存制造四种类型。大规模定制包括其中的按订单设计、按订单制造、按订单装配。Lampel 和加拿大战略理论家Mintzberg（1996）则认为，在完全定制与完全标准化之间存在一个战略的连续集，他们以顾客参与设计的程度为依据，将大规模定制划分出了五个水平：完全标准化、细分标准化、定制标准化、剪裁定制化和完全定制化。Gilmore 和 Pine（1998）将大规模定制分为四个层次：合作定制、适应定制、外观定制和透明定制。Alford 则认为，大规模定制在汽车产业中可以分成核心型定制、选择性定制和形式化定制，由于汽车的安全性需要，用户自行定制可以不考虑。一些汽车制造企业应用这些定制化方式，实现了用户的大规模定制并取得了成功，如雷诺公司。

戴尔、丰田汽车、惠普、耐克、摩托罗拉、微软、宜家等海外知名企业都对大规模定制生产模式进行了研究和实践。例如，瑞典的家具制造企业 IKEA（宜家）是世界上最大的家具和家居用品供应商之一，也是在家具行业中成功应用大规模定制的典范。因此。目前世界上多家家具企业在实施大规模定制前，都会先研究宜家实施和应用大规模定制的经验。使顾客能根据自己的偏好，将家具与生活用品进行个性化的搭配，就是源自宜家实施大规模定制的经验之一。以大量的社会调查为基础，基于对顾客需求的充分分析来进行相关家具产品的设计与开发；以模块化的方式对家具的功能与结构进行区分，把产品的部件当作成品进行生产和制造，使顾客能够根据空间大小和自己的需求任意地组合和搭配家具的各个模块。如此，就能在实现个性化需求的同时，满足生产对大规模的需要。

在国内，南京林业大学的杨文嘉教授早在 1998 年就开始关注这种先进制造模式的研究和发展动向，而大规模定制的概念在 2002 年正式被引入中国的家具制造业中。Tseng 等教授（1997）认为，大规模定制的目的是以大规模生产的效率给顾客提供能满足其个性化需求的产品和服务。吴锡英（2001）等也对大规模定制进行了一定的探索和研究，对大规模定制概念进行了界定、分类和分层次。赵伟等（1998）在《工业工程》上发表了关于探索我国制造业如何转型升级大规模定制的方法。来自广东工业大学、西安交通大学、西南交通大学等高校的专家学者深入研究了大规模定制的战略思想。在上海同济大学张署教授出版的《柔性制造技术的理论与实践》一书中，对于我国制造业面临的现状以及存在的问题进行了深入的探讨和研究。邵晓峰等认为，大规模定制是在高效率、大规模生产的基础上，通过产品结构和制造过程的重组，运用现代信息技术、新材料技术、柔性技术等一系列高新技术，以大规模生产的成本和速度，为单个顾客或小批量在多品种市场定制任意数量产品的一种生产模式。

学术界对影响大规模定制成功的因素也进行了研究，周炳海等学者提出了大规模定制生产的概念框架模型，认为大规模定制必须重视技术、策略、人员和支撑系统四个方面。随着对"大规模定制"概念的深入解析，大规模定制作为一种生产策略，融合了大规模生产和定制生产两种生产方式的优势，以趋向大规模生产的成本和效率，为顾客提供个性化的产品和服务（Davis，1987）。从本质上讲，大规模定制是两种相冲突范式的融合过程，即个性化定制产品的规模化生产，基于成本、效率、质量的考量下，用定制的灵活性来满足特定顾客的个性化需求，以大规模的生产模式来提高生产效率、降低生产成本。大规模定制过程实质上是信息采集、传输、处理及应用过程。从经济学视角来看，理性的顾客在进行消费决策时，更趋向于在充分了解或掌握信息的情况下，使自己的经济利益最优化或效益最优化。吴锡英和仇晓黎（2001）提出通过产品设计模块化、产品制造专业化、产品组织和管理网络化实现大规模定制。祁国宁（2003）提出了整体优化观点，充分利用企业已有资源，在标准化技术、现代设计方法、信息技术和先进制造技术等的支持下，根据顾客个性化的需求，以大规模生产的低成本、高质量和高效率来提供定制产品和服务。

此外，大规模定制也被广泛应用于汽车、家电、计算机、房地产开发、服装和家具等制造领域，涉及工业、农业、商业等各行各业（张余华，2010；刘洋，2014）。服装行业作为大规模定制的典型应用领域，延迟技术的应用表现得最为明显，如李维斯公司推出的 Personal Pair 牌牛仔裤。李维斯公司开发了一个基于PC 机的系统，利用该系统从库存数据中选择一部分数据，并确认其为消费者所需要的尺码，然后将消费者的订单传送给加工厂进行生产，一般两周之内就能将产品送到线下实体商店或送到相应的消费者手中。而顾客仅需要多付 10 美元就能依据腰围、臀围、裤长等定制产品，并享受到为定制的裤子命名的权利。家电行业知名企业海尔集团宣传"我的冰箱我设计"这一极具个性化的创造理念，在全球海尔商城（www. ehaier. com）中创新性地推出了顾客个性化定制栏目，每一位消费者都可以通过这个定制栏目随心所欲地配置符合自己喜好和需求的冰箱。2000 年以后，一些学者开始关注营销领域的研究。因为顾客对于任何一个品牌产生忠诚和信任，其根本原因在于顾客认为其所选择的品牌具有价值，而大规模定制可以弥补大规模生产所存在的不足或缺陷，提升顾客感知价值。赵文斌和范钧（2008）以服装行业为例，提出了大规模定制对服务产品顾客感知价值驱动效应的基本模式和主要作用机制，探索分析了基于大规模定制的顾客感知价值构成，这是探究顾客的个性化需求和生产企业在实施大规模定制生产方式时需要解决的问题。企业要占据更广大市场、吸引更多顾客，就要更准确地把握顾客千差万别的消费需求，针对不同顾客提供定制化、个性化的产品和服务。在满足顾客定性化个性化需求的同时，实施大规模定制生产方式的企业需要维持较低的生产成本，通过使用模块化设计、柔性的生产设备等，准确而高效地应对不同顾客的消费需求，及时提供定制化的产品或服务，降低生产成本和缩短交货期。

二、大规模定制家具的概念

（一）家具概念及相关知识

家具是人类物质文明和精神文明的复合载体，宜家家居集团创始人英瓦尔·坎普拉德（Ingvar Kamprad）就提出："只要地球上有人类居住，就需要家具。"家具是人类维持正常生活、从事生产实践和开展社会活动必不可少的器具设施大类。家具会跟随时代的脚步不断创新发展，到如今门类繁多、用料各异、品种齐全、用途广泛，是建立工作生活空间的重要基础。

家具的类型、数量、功能、外观、风格和制作水平以及占有情况，反映了一个国家或地区在某一历史时期的社会生活方式、社会物质文明的水平以及历史文化特征。家具是某一国家或地区在某一历史时期社会生产力发展水平的标志，是某种生活方式的缩影，是某种文化形态的显现，凝聚了丰富而深刻的社会性。

家具由材料、结构、外观和功能四种因素组成，这四种因素互相联系，互相制约。其中功能是先导，是推动家具发展的动力；结构是主干，是实现功能的关键。由于家具是为了满足人们一定的物质需求和使用目的而设计与制作的，因此家具还具有材料和外观方面的因素。家具既是物质产品，又是艺术创作，这便是家具的二重特点。家具是由各种材料经过一系列技术加工制造而成的，所以家具设计除了使用功能、美观及工艺的基本要求之外，与材料也有着密切联系。

家具材料是指木质材料、金属材料、竹材材料、藤材材料、玻璃材料、塑料材料、纤维织物和皮革材料、石材材料，或者饰面材料、封边材料和家具配件等。家具材料品种繁多，每种材料具有不同的属性，通过合理选用和搭配材料，可以更好地表现出家具的设计结构、使用功能、艺术效果和经济成本。家具的材料属性可以分为物质性属性和非物质性属性。其中，物质性属性主要包括材料的基本性能（如物理性能、化学性能、光学性能）、加工工艺、功能性能、使用性能（如客卧家具、厨房家具、书房家具、儿童家具、办公家具等）以及价值性能（如成本价值、收藏价值、艺术价值）；非物质性属性主要指的是基本性能引出的审美性能、象征意义、感觉特征等。

家具结构是指家具所使用的材料和构件之间的组合与连接方式，是依据一定的使用功能而组成的一种结构系统。家具结构包括家具的内在结构和外在结构，内在结构是指家具零部件间的某种结合方式，取决于材料的变化和科学技术的发展，传统的榫接方式和现代板式家具用的五金件连接方式都是内在结构；外在结构直接与使用者相接触，是外观造型的直接反映，因此在尺度、比例和形状上都必须与使用者相适应，这就是所谓的人体工程学。例如，座面的高度、深度、后背倾角恰当的椅子可解除人的疲劳感；而贮存类家具在方便使用者存取物品的前提下，要与所存放物品的尺度相适应等。

家具外观直接展现在使用者面前，是功能和结构的直观表现。家具的外观依附于其结构，特别是外在结构。但是外观和结构之间并不存在对应关系，不同外观可以采用同一种结构来表现。外观存在较大的自由度，空间的组合上具有相当的选择性，如梳妆台的基本结构都相同，但外观形式却千姿百态。家具的外观形式作为功能的外在表现，还具有认识功能，因此，具有信息传达作用和符号意义；还能发挥其审美功能，从而产生情调氛围，形成艺术效果，给人以美的享受。

家具功能一般分为技术功能、经济功能、使用功能与审美功能四个方面。家具功能从物理空间上则分为玄关家具、客厅家具、厨房家具、餐厅家具、卧室家具、功能房家具、卫生间家具。随着社会经济的发展，家具中的极品更具有了保值功能和增值功能，如欧式家具中的老柚木和中式家具中的老红木。

（二）各类家具产品比较

家具产品按照生产模式不同，可分为手工打制家具（以下简称"手工家具"），机械化、规模化生产的标准化家具（以下简称"成品家具"），机械化、规模化生产的个性化定制家具（以下简称"定制家具"）（陈云云，2017）。其中，定制家具是指定制家具企业借助现代化信息技术及柔性化生产工艺，为消费者量身定做的满足消费个性化需求的板式家具，即大规模定制家具（蔚建元，2016）。大规模定制家具具有量身定做、个性化设计等特点，与手工家具和成品家具相比，具有明显的特点与优势。从表2-1中不难发现，大规模定制家具将个性化设计与工业化、标准化、规模化生产相结合，具备量身定做、节省空间、整体感强等优点。大规模定制的生产模式能让家具生产者在充分考虑订单中家具的多样性的情况下，高效率地生产出与顾客需求相对应的定制化家具产品。同时，借助先模块化设计再标准化生产的过程，既能减少家具生产者库存数量，减轻其库存压力，还能实现生产流程的灵活性，在满足家具消费者个性化、多样化消费需求的同时，实现家具行业小批量生产与大规模定制的有机结合。大规模定制生产方式同时满足了企业生产的低成本和消费者多样化、个性化的消费需求，实现了低成本和多样性两种生产优势的结合。通过大规模定制生产的方式，消费者从过去被动接受家具产品转变为主动参与家具产品的设计和制造，并能以合理的价格购买到满意度高的产品与服务。

本书以购买机械化、规模化生产的个性化定制家具的消费者，即大规模定制家具消费者，作为研究对象。

表 2-1　家具生产模式比较

生产模式	手工家具		成品家具	定制家具
	高端手工	低端手工		
优势	空间利用率高	空间利用率高	样式规范	空间利用率高
	个性化设计	个性化设计	价格较低	个性化设计
	顾客参与度高	顾客参与度高	购买便捷	顾客参与度高
	制作工艺精美	无库存压力	自动化程度高	整体风格统一
	库存压力无			库存压力小
				自动化程度高

生产模式	手工家具		成品家具	定制家具
	高端手工	低端手工		
劣势	价格非常高	质量不稳定	尺寸不可改变，空间利用率低	价格相对较高
	生产周期长	美观欠佳	顾客参与度低	定制周期较长
	自动化程度低	环保问题	样式单一，无法满足个性化需求	环保问题
		自动化程度低	环保问题	
			库存压力大	

资料来源：陈云云．家具传统生产模式和定制生产模式研究［J］．家具与室内装饰，2017（6）：122-123.

第二节 大规模定制家具理论研究

有关大规模定制家具理论的研究主要集中于实现技术研究、协同管理研究及顾客需求研究三个方面。

一、大规模定制家具实现技术研究

Zipkin（2001）指出，大规模定制存在四个局限：需要高度柔性的生产技术；需要一个精心设计的客户需求启发配置系统；需要一个有效的直接面向客户的后勤系统；定制必须面向市场需求。

南京林业大学是国内较早开始研究大规模定制家具相关领域的高校。早在1992年，学者杨文嘉在《家具》杂志上发表了《32mm 系统家具的应用》一文，是研究家具模块化设计的先行者。在此以后，家具行业开始重视系统家具的设计。杨文嘉（2000）认为，定制经济将影响中国的家具行业，并使之产生巨大的变革。他于2002年发表在《家具》上的文章《崭新的制造模式：大规模定制》更是奠定了中国家具业实现大规模定制和家具模块化设计的基础。杨文嘉（2003，2009）从技术和管理层面出发，论述了大规模定制在中国家具行业的推广。

熊先青和吴智慧（2012）分析了大规模定制家具的应用技术体系，如大规模定制家具物料管理的基本内容和条形码技术实现了大规模定制家具企业的物料信息化管理，通过构建由订单计划管理技术、车间管控技术、信息继承技术组成的MES技术为大规模定制家具企业的物料信息化管理提供参考模式，以便大规模定制家具企业更好地开展家具产品生产活动和提供相应的服务。

黄丽芳（2011）则从家具制造业的先进理念、先进技术和实践入手，结合家具行业的发展现状、生产方式的变化、消费者需求的变化以及定制家具存在的问题等方面，分析适合大规模定制家具开发和生产的技术路线，提出了基于先进制造技术的大规模定制家具开发和生产解决方案。

郭伟娟等（2018）分析了大规模定制衣柜的设计现状、设计过程中的订单流程及现有其他常用设计软件在设计生产过程中信息交互存在的问题，并根据2020软件在定制整体衣柜中的应用特点，构建了基于2020软件的定制整体衣柜设计信息交互技术实现信息的交互与共用。从交互原理和交互过程的角度出发，探讨了2020软件与ERP间的设计信息交互以及与IMOS间的信息传递与交互，借助具体的实际应用案例验证信息交互的可行性，进一步分析出具体的信息交互过程并从中获得信息交互结果，为定制衣柜设计软件以及其他定制家具设计软件的信息交互与共享提供理论参考依据和借鉴作用。

此外，还有学者对大规模定制家具生产过程的信息采集与处理技术、大规模定制家具生产线规划与车间管理技术，以及大规模定制家具的数字化设计技术等进行研究。惠小雨等（2019）认为，信息化与智能制造是定制家具行业甚至整个家居行业的发展趋势，当前国内定制家具企业存在着信息化和智能化发展不均衡、部分企业的加工生产机器设备仍需要更新升级、三维设计软件参数化不完善致使无法达到标准化、在设计生产过程中易出现数据传递不准确等问题。他们还对国内目前定制家具数字化智能制造与设计生产一体化的现状进行了分析，认为企业要实现转型升级，需要正确运用三维设计软件、成组技术、揉单生产等一体化智能制造方式。运用三维设计软件能最大限度缩短设计加工周期，从而实现生产效率的提升；保障数据传递的准确性可以最大限度降低定制生产的出错率，从而达到提高成品率和降低生产成本的目标；实现一体化智能制造能使家具企业在设计与生产过程中的所有信息实现标准化、数据化和可视化，是解决家具企业设计与生产过程中存在着的信息孤岛问题、促进定制家具企业转型升级的有效方式。

二、大规模定制家具协同管理研究

由于大规模定制家具活动离不开各部门的协同合作，因而有不少学者对如何推进协同管理开展了研究。

Xiong 和 Wu（2011）从数字化工厂信息系统的特点出发，主要分析了大批量定制家具信息采集和数据管理的组成，提出了面向大批量定制家具的客户需求信息采集与响应模式和面向家具制造的执行系统、家具企业的物料清单和家具产品设计的信息采集与数据管理模式，总结了如何组织和协调大批量定制家具信息流，为今后大批量定制家具企业的数字化管理提供一些参考模式。

汪洪波（2013）运用供应链管理理论、协同理论、博弈理论、网格理论等研究局部供应链中家具制造企业的横向和纵向协同运作机理，探讨家具制造企业的最优运作模式。他认为，在家具制造企业的协同运作过程中，信息共享协同、外部预测协同、企业间的生产设计协同、运输组织协同等环节都是十分关键和重要的，支持家具生产企业在供应链中实现最佳的横向和纵向协同。

周阳（2015）提出对板式定制家具进行完整的规划，运用 SAP 系统按订单生产并根据相应资料制定生命周期管理方案，不仅能满足顾客对产品多样化的需求，还能提高家具企业对顾客需求反应的速度，大大降低了企业销售、生产和研发之间的沟通成本，有助于提高企业的生产和运营效率。

盛凯东（2015）分析和总结了家具企业实施大规模定制的基本策略，探讨了欧美风格家具企业实施大规模定制的策略，对欧美风格家具企业实现大规模定制转型具有实际参考意义。

孙勤伟（2016）对家具制造企业销售协同管理进行了分析，并对业务流程进行优化重组，提出了面向家具制造企业群的销售协同一体化平台。通过互联网技术和销售协同模式对新时代的家具销售模式进行重新定义，引入了顾客协同的概念，用订单式生产替代了传统的库存式生产，发挥出家具制造企业的集群优势。

在个性化定制家具产品的基础上，将家具全生产过程置于顾客的监督之下，透明化生产、诚信式经营，全面改变紧张的网络销售信任关系。孙勤伟（2016）研究的面向家具制造企业群的销售协同一体化平台，一方面，有助于中小型家具制造企业释放管理空间，提升销售管理效率，增强客企信任关系，充分发挥家具产业集群优势；另一方面，对顾客而言，可以全程监督产品的生产制造过程，实时掌握产品动态，改变了传统的用户被动模式，让顾客主动参与监督，将顾客引入销售链的一极，重新定义了客户协同的销售模式。

李薇（2017）从战略导向层的协同、战术运作层的协同和技术保障层的协同出发分析大规模定制家具的协同管理，并制定了协同模式与运行机制，通过大规模定制企业的实际案例对协同测度模型和具体操作方法进行了探索应用，既丰富和完善了大规模定制家具供应链协同理论，也为大规模定制企业更好的协同合作提供了实际的理论指导。

史小玲（2018）运用市场营销学以及大规模定制营销等理论，分析国内外关于大规模定制及大规模定制营销的研究现状，并基于市场营销理论中的4P理论，分析并阐述大规模定制营销相关理念以及实现大规模定制营销的途径，再利用SWOT理论分析HW家具的优势和劣势，结合HW家具公司实际情况，运用STP营销策略，制定了实施大规模定制营销的组合策略，对家具企业实施大规模定制营销进行了实际的营销策略制定，对家具行业的营销发展具有一定的理论指导作用。

姜超（2022）以国内软体家具企业为研究对象，运用PEST模型、波特五力模型、SWOT模型分析了定制家具行业的宏观环境、竞争环境以及定制家具业务的营销环境，并结合定制家具行业消费升级的特征，为定制家具业务营销策略提出了建立多品牌矩阵、门店下沉、线上线下一体化、全流程信息化监督等方面的优化建议，为消费升级背景下定制家具企业营销策略提供参考。

三、大规模定制家具顾客需求研究

Peters 和 Saidin（2000）认为，市场动态变化和需求异质性是实现大规模定制主要的驱动因素。由于市场需求一直在不断变化，导致产品和服务的生命周期缩短，因而大规模生产无法适应不断变化的市场需求。同时，市场需求的异质性致使大规模生产的规模经济效益急剧下降。因此，实施大规模定制是市场趋势。Wind 和 Rangaswamy（2001）的研究重点强调了顾客参与定制，他们认为顾客参加定制是大规模定制新的发展阶段，是一种将大规模定制和定制营销有机结合在一起的、以顾客为中心的新策略。同时，他们还认为顾客参与定制是一种在互联网和电子商务快速发展的环境下，企业更好地适应顾客个性化需求的一对一营销的方法，是一种顾客和企业之间交互的方法，通过提出"一对一市场"的概念，对个性化的需求有了形象的描述。Svensson 和 Barford（2002）认为，企业实现大规模定制必须做好充足的准备，既要先分析顾客对定制需求的敏感性，又要从技术和经济两个方面分析可行性，充分地考虑多种市场扰动因素决定的竞争环境，还要对组织机构进行重组。在大规模定制家具活动中，已有个别研究者开始对消费者需求开展研究，如张旭（2011）在对家装定制家具设计的研究中，就涉及客户需求，通过与设计师沟通收集信息，寻求批量化家具设计的成功路径，为定制家具的设计提供确凿清晰的思路，为家装业定制家具的设计提供系统化的借鉴。Fogliatto 等（2012）从顾客角度切入，归纳总结近年来有关学者阐述的大规模定制驱动因素，这些驱动因素从顾客角度出发，可以划分成外在因素（实用性、个人主义和自我表达）和内在因素（享乐、自豪）。杨东芳（2016）以 Kano 模型、马斯洛需求模型为基础，探讨分析大规模定制家具消费者需求，构建出基于 Kano 模型和马斯洛需求模型的大规模定制家具消费者需求模型，并借鉴万科米公寓和尚品宅配两个案例，具体分析了消费者对大规模定制家具的产品需求，以及使用节点法分析了消费者对大规模定制家具的服务需求，建立了大规模定制家具消费者服务需求模型。刘宝顺和左翌（2020）基于用户角度提出定制模式基本设计需求，分析了用户的实际定制需求，利用层次分析法评价定制信息内容制定方案层的优选定制方案，将创新定制模式的设计应用于大规模个性化定制平台，为创新定制模式的研究和提升顾客在定制过程的体验满意度提供了理论依据和设计思路。

第三节 大规模定制家具顾客价值研究

一、顾客价值研究

"价值"这一概念被广泛应用于经济学、会计学、金融学、战略管理、生产管理等众多学科之中。而研究市场营销学的学者更多地使用顾客价值、顾客感知价值、顾客期望价值、顾客预期价值、顾客让渡价值、顾客终身价值、顾客关系价值等类似的术语进行描述。因此，对于顾客价值的理解是存在多角度的，对顾客价值的构成要素和驱动因素的认识也是多样的。

（一）顾客价值的定义

Drucker（1981）指出，营销的真谛对顾客来说在于了解什么是价值。1985年，波特在《战略优势》一书中就提到过顾客价值这一概念。他指出，企业的竞争优势在于它能够最大限度地优化配置自己的资源，为顾客提供高价值的产品或服务。企业的价值链要与顾客的价值链相匹配，能够为顾客创造价值是企业的价值优势。价值是消费者行为的重要预测变量，被视为市场激烈竞争环境下比顾客满意度更能确保企业产品或服务市场地位的工具（Parasuraman，1997），其研究常见于营销学、策略与组织行为学、心理学与社会心理学以及经济学等领域（Kim and Lee，2000；Payne and Holt，2001；Khalifa，2004），强调个人价值对人类决策行为所产生的影响（Chryssohoidis and Krystallis，2005）。个人内部价值观和外部价值观都会影响到其行为表现（Coogan et al.，2007），且行为上的深化提高了认知决策功能（Ford et al.，2009），即纳入个人的价值观，可以实现对消费者的态度做更为准确的预测（Kyle et al.，2004）。Peter 和 Olson（1999）指出，价值代表渴望的或有用的目标，消费者可以通过消费产品或参与过程来满足个人价值。Olson and Reynolds（1983）则从体验角度出发，认为消费者价值是一种偏好，受到个人喜好与兴趣影响，消费者的价值观为购买某一产品或服务的本质指明了方向。Simonson（2005）的研究从消费者偏好理论的角度切入，认为影响消费者对定制化订单产生主观反应的因素有消费者偏好的特点、订单符合线索、消费者对于订单的接受程度以及订单具体的内容和呈现形式等。Zeithaml（1988）认为，消费者偏好是在消费者对产品价值的感知基础上形成的，是对其获得的利益和牺牲的评估结果，这些利益和牺牲包括功能、情感、社会、金融等非货币属性。由此可见，当消费者在评估要不要购买某项产品或服务，或评价某项产品或服务好不好时，价值就成为了一个重要准则。换言之，只有当产品或服务属性能够实现某些价值时，消费者才会对该产品或服务表现出积极的行为。因此，许多营销学者认为将消费者行为与其价值相联结方可强化营销的规划与策略（Gutman，1990）。

价值是一个复杂且被广泛又频繁使用的抽象概念，是一个比质量层次更高、更抽象的概念（Zeithaml，1988）。哲学上的价值是指客体的存在、作用以及它们的变化需要同主体相适应、相一致或相接近（肖前等，1991）。在行销领域，价值被视为企业获得竞争优势的关键（Poter，1985；Gallarza and Saura，2006），营销的目的在于建立产品和消费者价值之间的桥梁。因此，Drucker（2007）认为，顾客购买和消费的并不是产品，而是价值。Woodruff（1997）则强调，价值来源于消费者的感受、偏好和评价，只有产品的属性、使用效果能够符合消费者期望的目的，消费者才能产生真正的偏好，并给以正面的评价。鉴于此，Amatulli 和 Guido（2011）认为，顾客价值研究的关键是充分了解消费者的需求，并提供重要的方法来满足其需求，因为消费者总是以价值为导向，往往根据企业为他们提供何种价值作为评估的重点。由此可见，思考顾客价值的定义要以消费者的需求为前提，即从消费者的生物性和文化性视角出发，以维持人的生活与发展自主性为基本考虑（Taylor and Lesser，1980）。

不同学者对顾客价值定义有不同观点，如表 2-2 所示，基本可以分为理性观点（Day，1990；Monroe，1990；Gale，1994；Frederick and Salter，1998）和经验观点（Holbrook，1994；Butz and Goodstein，1996；Woodruff and Gardial，1996）。持理性观点的学者对顾客价值重视效用、效益和成本的比值或差值，购买产品决策过程着重产品实用性和效用性，强调产品具体属性的作用（Hirschman and Holbrook，1982）；他们认为顾客是理性的，认为产品是解决问题的方法和达到消费目标的手段，顾客重视的是产品特性或产品效用（Bettman，1979），此类观点的代表有顾客决策过程模式（Nicosia，1966）、家庭决策制定模式（Sheth，1974）、信息处理模式（Bettman，1979）和顾客行为模式（Engel et al.，1978）。持有经验观点的学者则关注消费者的情绪和偏好，强调顾客重视消费产品或服务过程所留下的印象与内心感受，进而做出购买决策。Woods（1981）认为，顾客很多时候在从事想象的、情绪的和鉴赏的"消费经验"。经验观点指的是精神上的现象，将消费视为一种纯主观的意识状态，且伴随变化多样的象征意义、享乐反应和美感准则（Holbrook and Hischman，1982）。Piller 等（2004）认为，大规模定制在提供个性化服务的过程中所收集到的顾客信息有利于长久地维持顾客关系，企业能根据收集到的信息做出更好的计划和预测，有针对性地为客户提供服务，这种举措可以有效改善客户关系，争取到顾客的认同与青睐。

表 2-2　顾客价值定义与衡量方法

学者	定义	衡量方法
Zeithaml（1988）	消费者基于付出与获得的知觉基础上对产品效用所做的总体评价	价值=函数（获得/付出）
Monroe（1990）	价值是消费者从产品上获得的质量或效益认知，相对于价格所作的牺牲	价值=函数（价格、质量）
Treacy 和 Wiersema（1995）	顾客价值是获得产品或服务过程中顾客得到的总利益减去相应总成本	价值=总利益-总成本
Kotler（1997）	价值为总价值与总成本之差，这是顾客传送价值理论的基础	顾客传送价值=整体顾客价值-整体顾客成本
Woodruff（1997）	价值是借由消费的过程达成顾客想要的目标，而对产品属性和结果加以评估以及所产生的主观认知偏好	价值=函数（产品属性、使用结果和消费偏好）

续表

学者	定义	衡量方法
Kaufman（1998）	顾客价值构成因素包括效用价值、交换价值和尊重价值。效用价值是最基本的价值，是产品的物理特征与实际使用功能；交换价值是一种情境价值，主要表现在顾客是怎么使用以及什么时间使用产品。尊重价值代表产品给顾客带来懂得心理效应	效用价值、交换价值和尊重价值三者之一，或是复合体
Kotler（2003）	价值是顾客拥有或使用产品所获得的价值与顾客取得产品成本的差异	价值＝拥有或使用产品收益－取得产品成本
Khalifa（2004）	价值是在交易中节省的知觉，获得产品或服务决定都是为了获得价值	价值＝函数（自身用途或其他用途，主动或被动的，外在与内在）
Holbrook（2006）	价值是一种互动的、相对的、偏好下的体验	价值＝函数（互动的、相对的、偏好的经验）
Le 和 Thuy（2012）	消费者以个人价值观为基础，对服务价值做出整体性评价	价值＝函数（个人价值、满意度、忠诚度）

资料来源：笔者自行整理。

综上所述，本书综合理性观点与经验观点，将顾客价值定义为大规模定制家具消费者在购买定制家具决策过程中对产品或服务所得的实用性与效用性，以及所留下印象和内心感受的经验，从心理和认知上所做的整体性价值评价。

（二）顾客价值衡量的构面

有关顾客价值衡量构面，不同学者有不同的观点（见表2-3）。Holbrook 和 Hirschman（1982）提出经验消费价值和理性消费价值两个构面。Seth 等（1991）认为，顾客价值的衡量构面包括功能价值、社会价值、情感价值、认知价值和情境价值。Babin 等（1994）、Chaudhuri 和 Holbrook（2001）、Park（2004）等则认为顾客价值衡量构面应该包含享乐价值与实用价值。

Holbrook（1996）将顾客价值分为外在或内在价值、自我导向或他人导向价值，以及主动或被动价值等衡量构面。Ruyter 等（1997）则主张顾客价值分为外在价值、内在价值和系统价值三个构面。

表 2-3　顾客价值衡量构面

衡量构面	内涵说明	文献来源
经验消费价值 理性消费价值	1. 经验消费价值，如享乐、美感，类似于 Babin 等（1994）的享乐价值观点。 2. 理性消费价值，如解决问题、满足需要，类似于 Seth 等（1991）的功能价值与 Babin 等（1994）的实用价值观点	Holbrook 和 Hirschman（1982）
功能价值 社会价值 情感价值 认知价值 情境价值	1. 功能价值，指顾客对产品或服务的功能特性、实用性等认知。 2. 社会价值，指顾客对产品或服务的社会形象的认知。 3. 情感价值，指顾客在接受产品或服务时其个人感情或情绪的认知。 4. 认知价值，指顾客购物决策对产品或服务经济效益、付款经验、收费合理性、价格折扣、创新等的认知程度。 5. 情境价值，指在不同时间或情况下，顾客对产品或服务的价值认知所存在的差异	Seth 等（1991）
享乐价值 实用价值	1. 享乐价值，指个人好玩或有趣因素所形成的购物潜在享乐价值。 2. 实用价值，指个人购物决策偏重理性、实用等因素考虑，以达成购买最佳的产品价值	Babin 等（1994）； Chaudhuri 和 Holbrook（2001）； Park（2004）
外在或内在价值 自我或他人导向价值 主动或被动价值	1. 外在或内在价值，外在价值是指追求产品功能与效用的价值；内在价值则强调经验积累的价值，重视终极价值，类似于 Seth 等（1991）的观点。 2. 自我或他人导向价值，自我导向价值着重产品或服务产生自我内在深刻思考所形成的价值，类似于 Holbrook 和 Hirschman（1982）；他人导向价值则是指因为外在因素影响个人所形成的价值。 3. 主动或被动价值，主动价值着重对产品或服务的主体性与过程；被动价值则不着重产品或服务的主体性与过程	Holbrook（1996）
外在价值 内在价值 系统价值	1. 外在价值，类似于 Holbrook（1996）的外在观点。 2. 内在价值，类似于 Seth 等（1991）的情感观点。 3. 系统价值，类似于 Holbrook 和 Hirschman（1982）的理性消费价值观点	Ruyter 等（1997）

资料来源：笔者自行整理。

　　虽然不同学者提出的衡量顾客价值构成的名称不尽相同，但衡量内涵本质颇为相同。Merle 等（2008）认为大规模定制能为顾客带来产品价值与体验价值，其中产品价值有三个维度：工业价值、人际区分价值和自我表达价值；体验价值则包括享乐性价值和原创实现价值。所以，大规模定制家具顾客价值衡量构面与一般顾客价值衡量构面没有本质上的区别，它们的不同之处主要体现在顾客价值内涵上，因为大规模定制家具产品属性与消费结果和其他产品存在本质上的不同，从而导致产生个人价值上的差异。

（三）顾客价值的特征

成海清和李敏强（2007）、赵卫宏（2015）将顾客价值的特征归纳为主观性、互动性、动态性、情境依赖性、层次性、相对性和关系性七个方面。

第一，顾客价值的主观性。企业及其产品对消费者的价值并非企业所认知的，而是消费者所感知的。顾客价值并不是产品和服务本身固有的，而是由顾客主观感知的，是顾客心中的价值，是与产品、服务、品牌是否符合顾客的需求紧密联系在一起的，消费者感知到的价值才是真正意义上的顾客价值。作为企业生产经营的产出，产品是顾客价值的载体，其本身具有的基本属性就是能够满足顾客的需求。对于顾客来说，产品既代表着利益与效用，还代表着成本与付出。无论是企业生产的各类产品还是顾客的各种付出，都有一个共同的特征，即两者都是客观存在的。顾客价值则是客观存在于顾客头脑中的反映，是一种包含客观内容的顾客主观认识，受顾客个人因素的影响。例如：有些顾客关心时间花费、有些顾客关注价格高低；有些顾客注重产品性能、有些顾客更在意相关服务。不同顾客对同样的产品可能会产生完全不同的感知价值。此外，顾客感知价值还是顾客对能够满足其需要的不同产品进行横向比较的结果，企业的竞争力就在于顾客对不同产品供应商感知价值的相对大小（Buzzell and Gale，1975）。

第二，顾客价值的互动性。顾客价值形成于消费者与企业的互动过程中，因此在与消费者互动过程中，企业及其产品功能的改进、变化等要与消费者需求相匹配，始终与消费者需求相一致。消费者在互动过程中对企业及产品或服务进行感知，企业及其产品或服务通过互动进而影响消费者的价值感知。就企业而言，要开发、生产和交付顾客所需要价值的产品或服务，就必须洞悉消费者的需求和偏好，在了解消费者的同时把握消费市场的变化趋势。就消费者来说，若是要做出科学的购买决策，就必须深入了解企业的社会形象、服务水平和市场口碑，在认知企业的同时对企业的核心竞争力加以理解。

第三，顾客价值的动态性。顾客价值的主观性在一定程度上决定了顾客价值必然是动态变化的，顾客消费经历的积累、生产技术对顾客需求的影响、顾客消费情景的改变等因素都在影响着顾客价值的动态发展。消费者在与企业及其产品的整个接触互动过程中所认知的价值包括从初次接触到最终抛弃或转让，消费者对产品的价值认知在整个接触和使用过程中的不同阶段和不同环境下会发生不同变化，甚至会出现反复的情况。顾客价值一直是变化的、动态的，原因包括以下两个方面：一是一种新的价值维度呈现出来并成为一个重要的价值维度；二是原有的价值维度的重要性已经发生改变。

第四，顾客价值的情境依赖性。作为顾客价值区别于个人价值和组织价值的关键标志，不同于持久的、超越具体情境和产品的是非好坏观，顾客价值的情境依赖性是指顾客价值依附于特定情境和具体产品，它既是客观的又是主观的。顾客的个人偏好及其对价值的评价在不同情境中有明显的差异，而同一位顾客在不同情境中对同一产品也会产生不同的评价，即顾客价值与具体的产品以及其特定使用情境具有高度的相关性。Woodruff（1997）认为，顾客的使用情景对顾客感知价值的形成具有重要作用，产品属性、结果和目标及相互之间的联系会随着使用情景的变化而变化。Ravald 和 Gronroos（1996）阐述的全情境价值理论，将顾客感知价值定义为顾客根据付出了什么和得到了什么的感知而对产品的效用做出总体评价。在紧密的关系中，顾客可能会将重点从独立的提供物转向评价作为整体的关系。如果关系被认为有足够价值的话，即使产品或服务不是最好的，参与交换的各方仍然可能会达成协议。顾客在感知价值的过程中，不仅会关注企业提供的产品和服务，也会关注其与企业的持续关系所创造的价值，即关系价值。以往的顾客价值理念往往只关注企业与顾客交易的一个片断，即"情境片断"，但由于关系是一个长期的过程，顾客价值将在一个长时间内出现，也就是在价值过程中存在着"全情景价值"（Total Episode Value，TEV）。例如，当汽车在一个前不挨村、后不着店的地方发生事故，顾客会对收费很高（高利失）而服务又很差（低利得）的维修服务产生较高的感知价值，这就是顾客价值的情景依赖性。

第五，顾客价值的层次性。顾客价值的层次性是指在接受和使用产品或服务的过程中，消费者在不同时期所感受到的价值具有不同的层次。不同层次的需要依靠不同层次的顾客价值属性来满足。消费需求的层次性是导致顾客价值层次性的根本原因。顾客需求的层次性决定了顾客价值也具有多个层次或维度。顾客从不同层次需求的满足中会得到不同的价值享受与感知。Sweeney 和 Soutar（2001）在对零售业实证研究的基础上提出顾客感知价值的量表应该包括如下四个维度：一是情感价值，指顾客从商品消费的感觉和情感状态中所得到的利益；二是社会价值，指产品提高社会自我概念给顾客带来的利益；三是质量/性能价值，指顾客从产品质量和期望绩效比较中所得到的利益；四是价格价值，指短期和长期感知成本的降低给顾客带来的利益。从以上顾客价值的四个维度对顾客需求满足的越全面、越充分，顾客得到的利益就越大。

第六，顾客价值的相对性。顾客价值的相对性既体现在因消费者个体和情境不同而形成的价值感知差异上，还体现在不同提供物之间的比较上，即顾客价值的可比性。顾客价值包含特定个人对不同物品的相对偏好。消费者往往以一种产品或服务的价值感知作为参照物与另一种产品或服务进行比较，从而对两者的价值差异进行判定。正如 Holbrook（1999）所指出的，在对价值的比较判断上，相对巧克力冰淇淋，我更喜欢选择香草冰淇淋。顾客价值不仅局限于顾客自身的感知，而且用对企业提供的价值感知去比较竞争对手的相关价值提供物，从而做出价值判断。因此，从这个角度上来说，顾客价值是具有相对特性的。

第七，顾客价值的关系性。顾客价值不仅产生于核心产品和附加服务，还产生于企业为维持顾客关系而付出的努力。通过与消费者建立持久的良好关系，企业能够更好地实现对顾客价值的创造。感知价值是以消费者为主体，以产品、企业、服务等为客体，把两者建立起来的一种关系。这种关系主要表现在消费者主体与客体在经济上、情感上和社会上等各方面的关系。经济关系通过交易形式表现出来，情感关系则是通过消费者对产品满意度或是服务的愉悦度体现的，社会关系是体现了消费者是否愿意对产品和企业能够保持一种持久联系的行为意向。根据 Butz 和 Goodstein（1996）提出的感知价值定义可知，消费者与供应商会建立并保持良好的情感关系。通过对这些关系的了解，尤其是情感和社会关系的建立与管理，把感知价值作为战略层次管理具有特殊的意义。

综上所述，顾客价值的主观性、互动性、动态性、情境依赖性、层次性、相对性和关系性七个方面是相互作用、有机联系的统一体，体现了顾客价值的丰富内涵。消费者对企业及其产品或服务的主观认知形成于与企业的互动过程中，而消费者的主观感知和评价结果取决于顾客与企业的互动过程、互动方式和互动内容。消费者对企业及其产品或服务的主观感知并非是一成不变的。因此，大规模定制家具企业在与顾客的互动过程中，应深入了解并准确把握顾客所追求的价值内涵，不断创新互动方式与互动内容，从而为顾客持续创造价值，并赢得顾客对企业及其产品或服务做出满意评价，乃至提高品牌忠诚度。

（四）顾客价值的阶层

Woodruff（1997）指出，顾客价值是顾客对产品的属性、功能以及在具体情形中助于或碍于到达目标和意图的产品使用结果的感知偏好和评价。他将顾客价值分为渴望价值和获得价值两种，进而形成顾客价值阶层，其主要从消费属性、消费结果和消费目标三个层面了解顾客期望价值和感知价值。在顾客价值阶层之间，顾客会了解有关产品的属性及属性的表现，当顾客决定购买或使用某种产品时，会对该产品属性产生期望或偏好，并将期望或偏好反映到使用认知价值层，直到到达阶层最顶层，如图2-1所示。

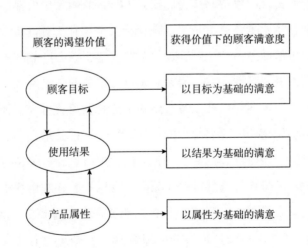

图2-1 顾客感知价值阶层模式

资料来源：Woodruff R B. Customer value: The next source for competitive advantage [J]. Journal of the Academy of Marketing Science, 1997, 25（2）: 139-153.

Khalifa（2004）将顾客价值分为价值成分模式、效益成本比率模式与方法—目的模式三类。其中，方法—目的模式处在顾客价值阶层，借由访谈能够直接观察消费者的决策（Manyiwa and Crawford，2002），因为它联结产品特质、消费结果、决策过程的个人价值观的关系，从而解释消费者如何借由选择产品或服务到达个人目标的脉络。Lin 和 Chang（2012）基于方法—目的链模式研究消费者在家具购买过程中的认知结构，并构建出终端零售家具顾客的价值阶层图，说明消费者对终端零售家具的属性、结果和价值认知会有所差异，但形成的终极价值是温馨家庭、开心生活和安全感。这是一个潜在的市场定位机会，对家具零售企业实施市场细分以及发展零售服务行销策略具有重要参考作用。

从以上文献可知，价值在消费者认知过程与行为选择上扮演着重要角色，而价值阶层模式则强调个人参与互动的重要性，并通过产品属性、功能、使用结果与目标达成来感受产品价值。对顾客来说，参与互动是对某些刺激的经历与自我感受做出反馈。顾客价值被视为顾客所寻求的个人重要目标，借由产品的拥有或消费，使其实现个人价值。由此可见，顾客价值并不是产品本身，也不是品牌本身，更不是对产品的拥有，而是来自消费互动的过程。大规模定制家具顾客价值不仅是用户购买决策的基础，也是消费者与厂商互动过程的结果。因此，本书以顾客价值阶层模式作为研究的理论基础，深入探究消费者背后的价值认知结构，以了解顾客价值如何影响大规模定制家具消费者的行为模式，以及消费者购买大规模定制家具背后的动机与获得的利益等决策过程。

二、大规模定制家具顾客价值研究

兼具标准化、差异化特性的大规模定制实现了产品最大限度地差异化和产品外部的多样化，从而满足客户增加产品外部多样化的需求。大规模生产实现了产品设计和制造的高度内部标准化，减少了产品内部多样化，实现了对时间、成本、个性化的统一。

（一）大规模定制家具的理论研究

我国最早对大规模定制家具进行研究主要是从南京林业大学开始的。南京林业大学的杨文嘉教授早在很久之前就从技术和管理层面对我国家具行业的大规模定制的推广进行研究。学术界关于大规模定制方面的理论研究在板式家具生产企业中得到了积极响应。例如，广东维尚工厂和广州圆方软件公司在 2006 年时就积极建立合作关系，共同解决了家具企业设计和生产间的接口问题，为我国板式家具的大规模定制创造了更大的发展空间。

然而，我国学术界关于大规模定制家具方面的研究基本上都是围绕着生产技术和设计技术展开的。熊先青和吴智慧（2013）在《大规模定制家具的发展现状及应用技术》一文中对家具信息化发展态势、制造模式的演变、大规模定制家具的指导思想和发展目标、大规模定制家具的应用技术体系进行了研究，并在《大规模定制家具物料管理中的信息采集与处理技术》一文中，深入研究了大规模定制家具物料管理的基本内容和条目技术在物料管理中的基本原理和应用特征，为我国大规模定制家具企业的物理信息化管理提供了参考依据（熊先青和吴智慧，2012）。黄丽芳（2011）在《基于先进制造技术的大规模定制家具开发和生产解决方案研究》一文中重点阐述了大规模定制家具开发和生产的具体措施，研究了先进制造技术的概念和发展趋势，积极探索了计算机集成制造系统及数字化技术等，深入探索了大规模定制家具的生产解决制造方案，最终总结出了更加符合大规模定制家具开发和生产的技术路线。同时，探索出多种满足实木家具大规模定制的设计工艺、生产设备选型、车间布局以及产品标准化等方法，为实木家具企业的环保辅助设施建设提供了参考意见。

李仁旺（2003）等在大规模定制家具的研究中，提出了基于客户需求的大规模定制家具生产模式，包括客户需求获取与建模、模块化设计、生产流程优化、供应链管理等关键技术。同时，他们还研究了大规模定制家具的数字化技术和智能化技术，提出了一系列应用这些技术的生产方法和工艺。吴智慧（2000）等在大规模定制家具的研究中，重点探讨了大规模定制家具的应用领域和发展趋势，他们通过对不同场所的大规模定制家具进行案例分析，总结出了大规模定制家具在不同场所的应用特点和优势，并预测了未来大规模定制家具的发展趋势。还有部分学者在对大规模定制家具生产过程中的信息采集和处理技术进行研究时提出，大规模定制家具的生产线规划和车间管理技术必须要做出相应的调整，才能满足顾客的多元化需求。张旭（2011）在《家装业定制家具设计中的问题域对策研究》一文中提到了设计师在收集信息和沟通方面存在的问题，并初步探讨了如何获取客户需求。这些问题包括设计师与客户之间的沟通障碍、信息收集不全面或不准确、设计师对客户需求的理解不足等。为了解决这些问题，张旭（2011）提出了一些对策，包括加强设计师与客户之间的沟通、完善信息收集方法和提高设计师对客户需求的理解能力，这些对策有助于提高定制家具设计的针对性和客户满意度。

总之，大规模定制家具的优势是能够满足客户的个性化需求，提高产品的质量和竞争力。然而，大规模定制家具也面临着一些挑战，如生产效率低下、成本控制困难、客户需求复杂等。大规模定制家具的实现需要掌握一系列关键技术，包括客户需求获取与建模、模块化设计、生产流程优化、供应链管理等。这些技术的运用能够提高生产效率、降低成本、提高产品质量，同时满足客户的个性化需求。随着信息技术和制造技术的不断发展，大规模定制家具的发展趋势是数字化、智能化和绿色化。数字化技术能够实现快速响应客户需求、提高生产效率；智能化技术能够提高产品质量和生产效率；绿色化技术能够降低环境污染，提高企业的环保意识和社会责任。

（二）大规模定制顾客价值相关研究

1. 大规模定制顾客需求与需求层次

KANO 模型是东京理工大学教授狩野纪昭（Noriaki Kano）发明的对用户需求分类和优先排序的有用工具，以分析用户需求对用户满意的影响为基础，体现了产品性能和用户满意之间的非线性关系。KANO 模型根据需求与顾客满意度的关系将顾客需求划分为基本需求、期望需求和兴奋需求。Woodruff 和 Gardial（1996）曾对顾客需求变化进行实证研究，认为在宏观（包括经济的、社会的、技术的、政府的以及自然的）、竞争、技术创新和新市场等动态环境因素的影响下，顾客由于局限于知识掌握和运用的能力、实现目标的能力以及控制局面的能力，会导致需求链结构和需求强度存在一定差异。顾客需求演进由内在动机和外在刺激所致（胡旭初和王奇娟，2006）。大规模定制是以顾客为中心，通过为顾客量身定制产品满足其个性化需求来提高顾客感知收益（杨琴，2004）。因此，顾客需求直接受到大规模定制程度影响（杨惠，2013）。

国内外学者对大规模定制顾客需求分类与获取、分析与评估、需求响应与产品配置、需求激励与优化等内容展开了深入研究。Merle 等（2008）深入研究了顾客价值，将定制产品价值分为功能性和象征性两个方面，并从享受定制过程和设计定制产品等方面对过程体验所带来的价值进行分类。从他们的研究中能够清楚透视产品定制所带来的顾客价值提升。陈婉蓉（2008）构建了面向产品生命周期的顾客需求分类。张余华（2010）从模块化设计、产品族设计、延迟化、产品开发与快速设计等方面提出了面向顾客需求的大规模定制策略。蒲娟和李彦（2011）基于顾客需求层次模型建立了顾客需求到产品特性之间的映射关系。吴清烈（2015）从技术视角探讨了大规模定制顾客需求激励与优化。顾客需求有显性与隐性之分，且隐性需求更重要。蔚建元（2016）就大规模定制下家具企业绿色产品需求进行分析，并以此为基础，总结提取和分解客户需求的办法，探索了将顾客需求转化成产品生产参数的方法。综上所述，在大规模定制顾客需求文献中涉及顾客需求层次及形成机制的研究并不多。

2. 大规模定制顾客参与与顾客满意

Cermak 等（1994）认为，顾客参与是指顾客与服务的规格设计和使用相关的行为，是一种"行为性的涉入"。Claycomb 和 Lengnick-Hall（2001）认为，顾客参与不仅表现为顾客在服务中的行为，还表现为顾客在服务过程中担任的角色和所起的作用。

顾客价值受到顾客需求获取方式影响，顾客需求获取方式能促进顾客价值的有效实现，在不确定性条件下应采取不同方式获取顾客需求以便更有效地为顾客提供价值（邓宏和王玉荣，2016）。在关于大规模定制顾客满意度的研究中，Simonson（2005）的研究较为典型，他构建了一个相对完整的模型，探讨了影响定制产品或服务顾客满意度的因素。大规模定制使顾客从被动选择产品向主动定制产品转变，满足了顾客的个性化需求（彭艳君和蔡璐，2016），从而促进顾客价值的实现（邱毓阡，2009），并通过顾客参与对顾客价值产生驱动效应（范钧和赵文斌，2008）。Piller 等（2004）深入分析了定制过程中顾客的感知价值，他发现，大规模定制既可给予顾客产品功能上的价值，也能使顾客以"设计者"的身份在参与"大规模定制"过程中收获体验感、成就感等情绪方面的价值。

Franke 和 Schreier（2008）发现，消费者对定制产品具有强烈的特殊感，并指出这是影响消费者积极参与体验和产品定制的重要因素。杨波（2012）研究了大规模定制领先用户的参与动机，并通过探索性因子分析出独特性产品需求和认知动机是两个影响最大的动机。Kurniawan 等（2006）研究发现，参与产品定制的消费者对产品本身和定制过程更为满意。彭艳君和蔡璐（2016）借助实验方法分析了顾客参与大规模定制过程时从体验快乐到获得满足的心理传导过程，验证了大规模定制顾客满意度和顾客参与程度呈正相关关系。由此可见，顾客参与在大规模定制过程中能够促进顾客价值形成，是影响顾客满意度的重要因素。此外，叶松（2010）借助百度公司进行规模定制化服务营销的案例，利用规模定制化理论，结合业务系统的设计和模块化，探索了如何更好地满足广大客户的个性化需求、提升整体服务营销水平的方法。温娜（2018）提出了大规模定制营销价值链模型，对营销模式及营销理念进行了探索性尝试，并将模型应用到企业的营销实践中，对提升企业营销的精准程度、核心竞争力，以及顾客满意度具有重要意义。

3. 大规模定制顾客消费决策与动机结构

Piller 和 Tseng（2003）认为，消费者行为分析应成为大规模定制研究的重点和方向。国内外学者围绕消费者对大规模定制产品的态度、接受意愿及其影响因素、大规模定制环境下消费者多次选择行为的模型，以及消费者对产品定制模式的偏好和决策问题展开大量研究（金立印和邹德强，2009）。研究显示，大规模定制情景下消费者决策同样具有"非理性"特征（Goldstein et al.，2008；金立印和邹德强，2008）。首先，大规模定制过程中消费者偏好是临时建构起来的，且往往是可变的，易受到多重因素影响（Payne et al.，1992）。其次，鉴于参考点依赖和损失厌恶，消费者在评价、判断和选择定制选项时会出现"偏差"。再次，大规模定制过程十分复杂，为了节约心理成本，消费者不会完全按照效应最大化法则或既定的偏好做定制决策。最后，大规模定制过程中消费者除了关注效应最大化，还关注其他多重目标，如提升决策精确性，追求实用性与享乐性等（Fishbach and Dhar，2010）。消费者的目标结构决定了其在认知层面上做出的效用评价。由于涉及多重属性以及各属性之间的选择，消费者在进行大规模定制决策时难免要在多重目标间权衡，但迄今为止，只有少数研究者注意到大规模定制决策过程中多次选择行为之间的关系，关于这种联系的性质、强度以及各次选择之间项目动态影响的机制，尚无相关实证研究。

4. 大规模定制顾客价值研究

价值由个人需求系统产生（O'Connor and Davidson, 1985），产品因满足顾客需求而被感知较高价值。Jiao 等（2003）认为，大规模定制可以提高顾客感知价值，降低企业的生产和物流成本，从而提高企业盈利能力。因此，大规模定制借助产品优势满足消费者需求而创造顾客价值，提升企业的盈利。国内外学者对大规模定制顾客价值相关研究主要集中在构成维度、实现路径和影响因素等方面。

构成维度：李长宏和郭伟（2002）从顾客评价主观性视角将大规模定制顾客价值定义为顾客感知利得与顾客感知利失之比，并将其分解为功能价值、品牌价值、形象价值和服务价值。范钧和赵文斌（2008）基于感知利得、感知利失两大维度，结合服装大规模定制特点从与产品相关的要素（质量和品牌）、与服务相关的要素（便利性、附加服务、技术能力和企业形象）、与成本相关的要素（货币成本和非货币成本）探讨了大规模定制的服装顾客价值体系。

实现路径：李长江和曾琦（2007）研究发现，通过顾客参与（参与设计、参与组装、参与销售、参与制造）和优化供应链来对生产时间、生产成本和定制个性化实现顾客让渡价值和顾客关系价值的最大化，并提出从获得正确的顾客和合作伙伴、与顾客和供应链成员建立良好关系以及保留最有价值的顾客和合作伙伴出发对大规模定制顾客价值进行管理。

影响因素：罗媛（2008）通过因子分析法对传统营销和大规模定制营销进行比较，得出大规模定制顾客价值的影响因素主要为定制便捷、信息、产品、安全、价格、服务、环保、形象、体验与关系，并从定制过程便捷化、产品制定个性化、定制环境安全化、定制成本最小化、定制服务系统化、品牌管理榜样化和关系管理人性化等方面提出大规模定制顾客价值提升策略。

综上所述，大规模定制顾客价值相关研究才刚刚开始，大规模定制顾客价值研究缺乏系统性框架且成果较为零散，而采用定性研究方法探讨大规模定制顾客价值内涵和形成路径的研究成果则更少。

5. 大规模定制家具的顾客需求获取与响应研究

大规模定制家具的顾客需求获取与响应方面的研究取得了更突出的成果。Ziokin（2001）在研究过程中提出，要想全面了解和满足大规模定制家具的客户需求，必须要明确认识到客户的需求到底是什么。他在研究中还提出了大规模定制家具的局限，例如：企业需要具备高度柔性家具生产技术、需要精心打造出一个能够满足客户需求的启发式配置系统、需要制定一套能够直接与客户需求对接的后勤系统、需要定制一套能够面向市场需求的生产系统。Svensson 和 Barford（2002）在研究过程中提出，企业要想满足客户大规模定制家具的需求必须要提前做好各项准备。首先，企业需要分析客户在大规模定制家具时的市场敏感性，分析自身在生产技术和经济方面是否存在可行性，考虑企业发展过程中所处的竞争环境是否存在严重扰动市场的因素，同时还要对企业的组织结构进行重组。对顾客而言，即便是顾客需要多样化的定制产品，但客户的需求也是有限度的，并不是越多的产品种类越能吸引顾客的重视，过度增加产品的种类反而会增加顾客的选择负担。实际上，企业的多元化设计只是为顾客的定制需求提供了一种工具，所以企业必须要正确认识到这一工具的重要性，只有合理运用这种工具，才能满足顾客的定制需求。

伊辉勇（2008）在《面向大规模定制的客户需求表达方式与满足方法研究》一文中对大规模定制客户的特征进行分析，同时识别了客户群体，分析了客户需求表达和客户的需求结构，研究了客户的偏好和强度分析，最终提出了面向客户群的多种优化产品族的具体方法，并通过实际案例验证了最终的结论。吴清烈（2012）在《基于云计算的大规模定制客户需求响应服务平台》一文中，对满足大规模定制需求响应的支持服务需求和大规模定制需求响应计算应用需求进行分析，进而提出了大规模定制需求服务平台的概念框架，最后制定出大规模定制需求响应云计算平台系统的设计思路。关增产（2009）在《大规模定制模式下的客户需求聚类分析与定制优化》一文中提出，将数学中的模糊聚类法作为基础，将客户满意度和需求规模性作为主要参考依据，最终提出了如何在大规模定制模式下是实现满足客户需求的聚类算法。同时也对大规模定制客户需求进行聚类优化。郭昱（2011）在《基于云计算的大规模定制客户需求响应模型及其节点的选择与分布》一文中重点研究了如何在大规模定制中选择和处理客户的需求信息以及如何选择和分布节点，同时也对大规模定制中如何处理客户需求信息及分布云计算平台中的关键节点进行研究，不仅制定了基于云计算的大规模定制客户需求响应模型，还提出了以客户需求关联度作为衡量标准的关键节点的确定算法。

总而言之，在当今的市场环境中，消费者对于家具的需求越来越高，对于个性化的追求也越来越强烈。大规模定制家具作为一种能够快速、高效地满足消费者个性化需求的生产方式，正逐渐成为家具行业的重要发展方向。然而，要实现大规模定制家具，企业需要深入研究和了解消费者需求，并采取相应的措施来满足这些需求。消费者对于家具的需求是多样化的，企业不仅需要通过市场调研、数据分析等方式来获取和识别消费者的需求，还需要对消费者的需求进行深入的分析和研究，以便更好地理解消费者的需求和期望。另外，企业需要采取多样化的产品策略来满足消费者的个性化需求。最后，企业需要注重品牌建设和客户服务来提升消费者满意度和忠诚度。消费者对于家具满意度和忠诚度是企业发展的重要保障。企业不仅需要通过品牌建设来提升产品的形象和知名度，还需要通过优质的客户服务来获取消费者的信任和支持。

（二）大规模定制家具顾客价值研究

Lihra 等（2012）研究发现，美国 20% 的消费者偏好定制家具。大规模定制也被看作是满足个人消费偏好的有效途径（Perduce and Summers, 1991；Fornell et al., 1996）。因此，Moser（2007）指出，大规模定制是家具制造厂商了解消费者的工具，借此有机会进入新的市场，因此很多家具制造厂商将大规模定制视为企业竞争策略的重要途径（Lihra et al., 2008）。借助大规模定制手段使得家具消费由过去客户被动选择模式变为以客户需求为导向、主动参与设计的模式，符合当今消费趋势。然而，Du 等（2006）研究发现，只有大规模定制产品顾客感知价值高于批量生产的标准化产品时才会受到消费者偏好。当前，大规模定制家具消费者研究更多侧重于需求方面，如张旭（2011）和杨东芳（2016），并如何获取顾客需求的研究比较少且深度不够，而从顾客价值视角开展大规模定制家具的研究则更少。

第四节　方法—目的链理论与应用

一、方法—目的链理论

Gutman（1982）认为，方法—目的链理论，是研究消费行为与个人价值间关系最有代表性的理论，主要探讨个人价值对其行为产生影响的方式，以了解消费者行为与其心智模式，因为消费者选择的目的在于实现其个人目标。"方法—目的"理论，由心理学家 Rokeach（1973）提出，最早应用于心理学领域中对人类价值观的研究。在该理论中，方法（means）是指消费者对特定商品或服务的选择；目的（end）是指得到内在的价值状态。20 世纪 70 年代后期，方法—目的链理论被应用在营销学领域，研究个人价值与个人消费、消费决策等行为之间的关系（Howard，1977）。Young 和 Feigin（1975）将方法—目的链理论引入营销领域，之后 Gutman（1982）、Olson 等（1983）对该理论进行完善与发展，并将其广泛应用于研究消费者行为与顾客价值的关系，旨在了解顾客对某种产品或服务的感受。通过方法—目的链理论可以了解消费者对特定产品或服务的感受，在国外广泛运用于产品定位（Grunret et al.，2001；Le Page et al.，2005）、消费者行为（Fotopoulos et al.，2003；Ana et al.，2007）、销售管理（Guenzi and Troilo，2006）和战略营销（Henneberg et al.，2009；Pike，2012）等领域。国内对于方法—目的链理论的应用主要是在价值认知（姜超，2010）、消费者行为（娄慧娜，2007；王明东等，2008）等领域。

方法目的链理论基于期望价值理论（Rosenberg，1956），是联结属性（Attributes：A）、结果（Consequences：C）与价值（Values：V）的一项简单结构。MEC 理论将消费者对于产品关联的认知联结成为三个层面：产品属性、使用产品结果以及使用产品结果（利益）所带来的感知价值；其将产品属性看作一种"方法"导致结果，而此结果可以满足或实现个人所关心的特定价值；其主要概念为消费者将产品属性视为达成"目的"的"方法","目的"可以反映出价值趋势,并通过产品属性产生结果。MEC 理论将属性、结果和价值三个层级联结以探讨消费者心中无形的价值要求,其目的是为了解产品属性可以导致消费者产生何种结果,以及给消费者带来何种价值。也就是说,消费者的价值始于产品或服务属性,通过消费结果进而与价值目标形成联结。以此借由对产品属性的消费偏好,消费者经由对消费结果的感受满足其对价值需求的偏好感受,并发展出个人价值观(Gutman,1982)。方法—目的链理论认为属性、消费结果与个人价值是消费者产品知识中最基础的成分。Gutman(1982)主张"方法—目的链"可依抽象程度高低分成产品属性、消费结果、个人价值三个层次。其中,属性是最具体的层次,指的是产品或服务的特色;消费结果位于价值与属性之间,是消费者使用产品或消费所产生的利益或风险;个人价值最抽象,是人们所持有的信念(Valette-Florence and Rapacchi,1991)。

方法—目的链理论基于一个基本假设,该理论假设个人以某种方式行事,因为他们将这种行为视为实现某种目标的手段,即顾客是为了达成某种目的才购买和使用产品或服务的。例如:顾客买一个吊柜,是希望这个吊柜可以帮助他达到扩大储物空间、收纳更多物品的目的。因此,方法—目的链理论认为,产品属性、使用结果与顾客价值之间具有联系,而这种联系隐含在顾客决策过程之中(Huber et al.,2001)。为有效了解顾客价值,利用 MEC 理论通过对消费者访谈关于他们选择产品的原因和联结结果的反应,鉴别出消费者的选择因素,挖掘并解释为什么这些因素对消费者重要,来探讨消费者行为与个人价值之间的关系。Klenosky 等(1993)提出了 MEC 理论的三个抽象层级:第一层级是属性,描述具体产品或服务所具有的性质;第二层级是结果,比第一层级更抽象,是关于体验某项产品或服务的消费结果;第三层级与个人最终追求的价值相关,是三个层级中最为抽象的,可以被视为引导选择和行为的动机。由于外在的世界是具体的,而内在的心理世界是抽象的,因此可以用抽象层级的概念来说明消费者对产品进行思考的方式(Gutman,1977)。

属性是方法—目的链理论的始点,而价值是方法—目的链理论的终点。因此,在对顾客进行调查或访谈时,通常是从产品或者品牌的属性切入,明确产品或品牌特有的属性,探求顾客从产品属性中获得的结果(利益)。在此基础上,寻求"结果"和"价值"之间存在的某种关联。Olson 和 Reynolds(1983)将方法—目的链理论的属性、结果和价值进一步细分为六个层级要素:属性包括具体属性与抽象属性(Gutman,1982)、结果包括功能性结果(具体结果)与社会心理性结果(抽象结果)(Haley,1968)、价值包括帮助性价值与终极价值(Rokeach,1973)。其中,帮助性价值是个人行为的偏好或期望,而终极价值是个人追求实现的终极状态。另外,帮助性价值有利于最终价值追求的实现。总之,MEC 理论旨在研究属性、结果和价值三者之间关系以及如何将这三个层次连接起来(见图 2-2)。

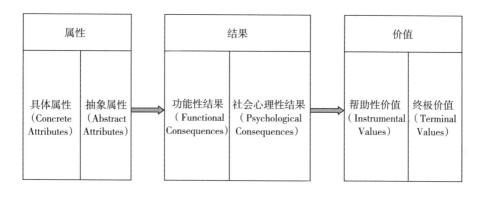

图 2-2 方法—目的链模型

资料来源:Olson J,Reynolds T. Understanding consumers' cognitive structures:Implications for advertising strategy [J]. Advertising and Consumer Psychology,1983,21(3):302-312.

方法—目的链理论主张产品的意义结构储存于记忆,而记忆是由阶层联结的多个元素组成的。这一联结是以产品属性为起始,通过预期的消费结果或利益,与价值相联结,从而形成"方法—目的链"。产品属性的意义是由消费者的认知所赋予的,也就是产品的属性导致的结果或价值。换言之,产品属性被视为达成目的的一种"方法",而"目的"是一种结果(利益或风险)或是一种抽象的价值。

（一）属性

属性是 MEC 理论的基石。Claeys 等（1995）提出，属性是具体的、有意义的，能代表产品的特性。属性是顾客感知到的产品或服务的特征或特性（Reynolds and Gutman，1988；Valette-Florence and Rapacchi，1991），并具备有形或无形的特点，且可以被消费者察觉到（Pitts et al.，1991）。Stanton 等（1991）进一步指出，产品属性包括包装、色彩、价格、质量、品牌，甚至是销售者的服务和声誉等。产品属性包含所有产品外显或内含的各种特征性质。以家用汽车为例，家用汽车的产品属性包括汽车的造型款式、品牌声誉、安全性、经济性等。

Kotler（1994）认为，消费者会将每一项产品看成一些属性的集合。Reyonds 等将属性划分为有形的具体属性和无形的抽象属性，具体属性指产品的包装、价格等直观印象；抽象属性则指消费者对产品或服务特征的主观反映。抽象属性是无法直接衡量的特征，如风格、服务、品质、耐久性和品牌等，具体属性则是可以直接衡量的特征，如色彩、外观和价格等，这些都代表消费者对产品或服务的认知程度（詹定宇和彭西乡，2010）。消费者只有认知到产品或服务的这些具体或抽象属性，才能产生更高层级的消费结果（严秀茹等，2006）。

（二）结果

结果是指消费者使用产品或服务所产生的生理或心理上的后果（Gutman，1982），若此后果是消费者所喜爱的，则称之为利益；若是消费者想要避免的，则称之为风险（何雍庆等，2007）。Gutman（1982）借鉴了 Young 和 Feigin（1975）引用灰色利益链所做的阐述，认为结果也能体现为功能性的利益、实践性的利益和情感的权衡。Levitt（1960）则认为，消费者在购买产品时，常以正面的结果来衡量。一般来说，消费者所想要的结果可以分为具体的功能性结果和抽象的心理性结果（Olson and Reynolds，1983）。功能性结果是消费后所产生的生理反应，是指消费者使用产品或服务时所感知的具体使用体验，如喝水止渴或吃饭止饥。社会心理性结果是非具体的，是指消费者使用产品或服务时心理上的感受，如穿戴名牌可以彰显身份地位。对于消费者而言，产品本身没有内在的意义，而是通过产品被认为能够得到或能够避免的结果而得到其意义及重要性（Celsi and Olson 1988）。结果连接属性和价值，了解结果是了解方法—目的链理论的关键（Olson and Reynolds，2001）。结果不仅将属性变得有意义和有价值，也能从价值中得到帮助消费者强化购买行为的重要因素（Klenosky，2002）。

（三）价值

MEC 理论的最高层级为价值。价值是指导使用行为高度抽象的动机（Klenosky，2002），是对特定行为或存在的终极状态的一种持续性信念，此种信念会使个人或社会偏好某种特定的行为方式或生存目标的状态（Rokeach，1973）。Peter 和 Olson（1990）提出，价值涉及个人人生目标及个体需求的满足。Gutaman（1991）认为，探究个人价值可以通过访谈探讨消费者心中最深层次的价值需求，并以抽丝剥茧的方式，由具体显性到抽象隐形、从低层次外部到高层次内部，逐步层级引导，以获得更高更深层次的最终价值。价值是 MEC 理论的终极目标，是一种主观认知对满足程度的最终需求，也是心中渴望的最终存在的状态（Gutman，1982）。价值主导了整个消费方向，是消费者在购买产品或服务时最终想达到的目标，并不是因为产品或服务的属性与特征，而是因为产品或服务能够给消费者带来正向结果并达成消费者内心渴望的最终利益价值（Valette-Florence and Rapacchi，1991）。价值可分为工具价值和最终价值（Rokeach，1973），工具价值是一种偏好或期待的行为，如生活持续有变化、独立和自信、胜任能力、心胸开阔等；最终价值则是希望实现的最终状态，如安全感、自我实现、成就感、自尊等。结果与价值代表目标，消费者经由产品属性达到个人抽象或更高层次的目标。方法—目的链理论假设产品属性所具备的有形或无形特征为结果层面的认知刺激来源，借由产品属性解决特定问题或产生某些功能，进而产生心理或社会层面的效果而形成结果层级，再经由问题解决与功能效应后，达成个人内心深层的稳定状态，即价值目标。其中，最终价值能够指引开发新产品与新服务（黄淑琴和陈姿君，2007）。

顾客的价值观是方法—目的链理论应用的核心概念，创造顾客价值是现代企业一切行为的动机，而观察和分析顾客的价值观以及价值取向是现代企业创造顾客价值的首要前提（李开，2005）。一般来说，个人价值研究发展至今，最常被用来衡量个人价值的分析工具主要有三种：

第一，Rokeach（1968，1973）所提出的价值调查（Rokeach Values Scale，RVS），RVS 将价值归纳为 36 种，其中"工具性价值"与"终极价值"均各分为 18 种，并以此作为个人价值调查的依据，依照其对生活的重要性加以排列。

第二，价值与生活形态量表（Values and Lifestyle Survey，VALS）是由 Mitchell（1983）在 Standard Research Institute 的基础上所发展出来，其理论基础源自 Maslow（1987）的需求层次理论与社会角色特征（Riesman et al.，1950），结合价值与人口统计变量的生活形态信息，用来了解不同类型消费者的价值观，研究发现总共有 9 种类型价值观的消费者（Mitchell，1983）。

第三，价值列表（List of Values，LOV）是由密歇根大学调查研究中心所发展出来的价值衡量工具（Veroff et al.，1981；Kahle，1983），其理论来自 Feather（1975）和 Maslow（1987）的需求层次理论结合 Rokeach（1973）的 18 项终极价值所选择出最重要的 9 种个人价值（Kahle and Kennedy，1988）。Kahle 和 Kennedy（1988）认为，与 RVS、VALS 相比，LOV 中的九项个人价值与普通人的日常生活关系更密切，更接近人类社会的基本信念。

上述三种个人价值详细分类如表 2-4 所示。

表 2-4　个人价值分类

价值衡量工具	研究者	价值分类
RVS	Rokeach（1973）	工具价值：野心、心胸开阔、能力、高兴、整洁、勇气、宽恕、诚实、想象力、独立、聪明、逻辑、爱、服从、礼貌、负责、自我控制 终极价值：舒适的生活、刺激的生活、成就感、世界和平、美丽的世界、平衡、家庭安全、自由、幸福、内在和谐、成熟的爱、国家安全、乐趣、救世、自尊、社会认同、真正的友谊、智慧
VALS	Mitchell（1983）	幸存者、支撑着、归属者、竞赛者、成就者、自我者、体验者、社会意识、整合者
LOV	Kahle 和 Kennedy（1988）	自尊、安全、与他人温暖的关系、成就感、自我实现、被尊重、归属感、生活中的乐趣与享受、刺激

资料来源：笔者自行整理。

从表 2-4 中可以发现 VALS 与 LOV 有些相似之处：①两者某些部分的分类相似，如 VALS 的成就者与 LOV 的成就感类似。②两者皆以内外部做区隔，如 VALS 中的外部导向（竞争者、支撑者、整合者）与内部导向（归属者、自我者、体验者）；LOV 则是以内控与外控来做区别，外控价值包含归属感、被尊重、安全，内控价值则包含自尊、与他人温暖的关系、成就感、自我实现，以及生活中的乐趣与享受（Kahle et al.，1986）。若将三者加以比较，LOV 较 RVS 更接近人们的平常生活，如 RVS 中的"和平的世界"价值，虽然很多人都认为很重要，但日常生活中却很少采取积极的行动以达成此价值。另外，LOV 较 RVS 更精简、更容易操作，VALS 则较依赖人口统计变量，因此与消费者行为的关联性没有 LOV 高。实证结果也表明，LOV 较 VALS 更能显著预测消费者行为趋势（Kahle et al.，1986），且 VALS 的问项中有很多美国文化背景，容易导致文化误差。

鉴于 LOV 较贴近消费者日常生活，以及其精简操作的特点，因此，本书拟采取 LOV 为大规模定制家具消费者最终个人价值的归纳准则，这亦符合大规模定制家具作为日常生活用品，LOV 能较准确地体现大规模定制家具消费者日常生活的价值判断。

二、方法—目的链理论在营销领域的应用

（一）消费价值研究

消费是一种以目标为导向的行为，消费的最终目标就是要从较低阶层的属性方法经过结果达到最上层的最终价值，而借由方法—目的链理论可以清楚地了解消费者在各个层级的目标，包括具体的计划和抽象的价值，帮助厂商或营销者了解消费者最终的购买原因（Pieters et al.，1995）。Klenosky（2002）进一步将推拉理论与方法—目的链理论结合在一起，说明方法—目的链理论提供厘清产品属性的拉力（Pull）与最终追求价值动机的推力（Push）之间的关系，并提出推力因素，也就是较高层次的价值，是吸引消费动机的最初因素。由此可见，方法—目的链理论能够审视整个消费的决策过程，可以有效找到消费者购买时所追求的最终价值（Valette-Florence and Rapacchi，1991）。诚如 Klenosky 等（1993）所说，方法—目的链是了解顾客价值对企业营销定位及策略重要性非常好的研究方法。相

较于其他研究方法，方法—目的链理论能够了解消费者的消费决策过程以及选择产品的标准，并解释这些因素对消费者的重要性（Olson and Reynolds，2001）。

消费者心目中的价值常常是主导其行为模式的内在指引，所以很多广告在叙述产品特质的同时会强调产品的价值。例如，豪华地产的广告，往往营造出一种高端生活质量及房子会带来的尊贵感觉。Klaus 等（1995）认为可以运用方法—目的链理论来研究顾客的消费行为，通过对顾客行为背后的认知进行剖析，了解消费者的购买动机。Le Page 和 Cox（2005）的研究结果也表明，方法—目的链理论的结果能有效地预测消费者的行为态度。例如，Santosa 和 Guinard（2011）用方法—目的链理论分析出美国北加州消费者对于当地及进口特级初榨橄榄油的消费理由及购买动机。Ferran 和 Grunert（2007）运用方法—目的链理论研究法国展览会咖啡购买者的购买行为与动机。方法—目的链除了应用在购买动机研究外，也被应用在无形的产品价值方面，如减重行为的动机及价值（Pieters et al.，1995）、跑步者参与运动的动机及价值（齐慧芳和李凌，2017）、网络游戏使用者追求的目标（Jung and Kang，2010）、乡村旅游目的地的顾客价值（汪丽颖，2018）、徒步旅行者所追求的利益价值（Hill et al.，2009），以及消费者对非营利组织的认知（Petkus，2000）。Lin 和 Chang（2012）则借由方法—目的链理论分析出顾客在家具终端零售商店购买决策时的消费价值在于温馨的家庭、开心的生活和健康安全。

（二）营销策略研究

方法—目的链理论常被用来发展广告传媒、促销活动和品牌定位策略等。当消费者面临诸多类似属性的商品时具有多样性选择，如何在商品之间作出差异化，是所有行业营销工作面临的难题，而解决此难题的根本方式是以消费者为中心，了解其做出消费决策的整个过程（Reynolds et al.，2001）。Norton 和 Reynolds（2001）认为，了解消费者决策过程比了解消费市场更为重要。购买是一种人类在特殊情况下做出的决定，销售是一种沟通和说明，营销就是买方和卖方的沟通过程。若是能够了解消费者决策过程的认知及想法，就能从消费者视角营销产品，促发消费者购买动机，使其改变或加强消费的决策（Reynolds et al.，2001）。方法—目的链理论帮助企业了解自身的品牌、服务，并使之与目标顾客个人价值有所联结，建立商品定位策略（Norton and Reynolds，2001）。因此，方法—目的链理论可以有效地运用在广告营销、产品开发和销售策略等方面。

通过遵循消费者心理各个层面的活动，探讨消费者针对各类型产品的购买行为动机以及产品在消费者心中的价值，找出消费者所选择的产品最终能带给其的关键价值，同时基于方法—目的链理论让营销决策者有效地辨别消费者内心真正的想法及思考方向，进而了解商品本身的竞争优势（Norton and Reynolds，2001），从而联结品牌本身与消费者内心要求的价值，通过品牌定位从心理层面影响消费者购买决策，降低消费者感知的购买风险。例如，McDonald 等（2008）利用方法—目的链理论探究学生选择酒吧饮酒的动机，揭示出受欢迎酒吧的属性、预期结果及潜在的个人价值对学生的重要性。

综上可知，方法—目的链理论是一个能够清楚表达消费者对某一产品概念的逻辑脉络关系，以及深入探索该产品对消费者产生价值的有效工具。由于大规模定制家具消费者个性化需求差异较大，加之生产工艺及管理流程较为复杂，对企业信息化技术、柔性化生产工艺技术等要求较高，所以，在设计、生产、管理、供应、配送与安装各个环节上对小批量、多式样、多规格和多品种的家具产品的界定与认知就显得尤为重要。基于此，本书借由方法—目的链理论厘清大规模定制家具产品概念逻辑的脉络关系，探索大规模定制家具产品为消费者所带来的价值具有适切性，为制定营销策略提供逻辑思路和实践依据。

三、方法—目的链理论对营销实践的启示

（一）顾客导向

方法—目的链理论从行为学角度探究消费者的心智模式，从而摆脱了企业长期以来过于关注产品和服务而忽视消费者需求的导向，促使企业真正去关注消费者的内心世界。根据对消费者心理的了解和分析，企业可以制定有效可行的营销策略，满足更广泛的消费群体的需求。因此，方法—目的链理论被广泛地运用于市场细分策略、消费者行为分析、新产品开发与市场定位、消费者满意度和忠诚度测评，以及预测消费者行为趋势、把握潜在市场动向等领域。当前，我国大规模定制家具行业发展迅速，市场竞争异常激烈。为此，大规模定制家具厂商市场

开发工作需要从过去关注产品和服务为重心转移到以顾客为导向，将市场相对优势转化为竞争优势，挖掘消费者内心真正的需求，并为其创造价值。

（二）利益至上

顾客虽然购买了产品和服务，但需要的却是产品或服务可以带给他们的利益。Abbott（1956）认为，顾客真正需要的并不是某项商品本身，而是因为他们想要这项商品带给他们满意的使用经验。消费者满意是消费行为学领域的重要研究内容，方法—目的链理论为深层次揭示了消费者的满意准测和满意评价，以及准确预测消费者未来行为，把握了潜在市场动向提供了有效方法。企业在生产产品或提供服务时，最重要的是分析消费者想从产品或服务中获得什么样的利益，要关注和预测顾客需求的改变，并针对这些改变做好应对之策。应用方法—目的链理论，可以帮助企业分析消费者选择行为的内在动机，为产品和服务定位提供决策参考。因此，大规模定制家具厂商需要以方法—目的链理论为指导，将大规模定制家具行业消费者的最终追求（个人价值）和定制家具产品的属性相连接，真正体现以消费者为导向的市场营销观念，满足其利益诉求。

（三）动态观点

方法—目的链理论从消费者出发将产品属性与结果做连接，再将结果以直接或间接的方式与个人价值进行连接。根据方法—目的链理论，属性、结果及个人价值这三个元素构成了消费者对该项产品的知识架构核心。这个架构可能会随着时间推移，消费者会在既有的核心知识架构上产生新的连接，将其他属性、结果以及个人价值整合到知识架构中，同时增加营销或组织性连接，增加知识架构核心的复杂性。企业经营者在将产品属性与结果做连接的过程中，需要从长期和短期的角度来设定不同的目标，避免因忽视消费者知识架构的变动特性而出现在长期或短期策略上的错误。为此，大规模定制家具厂商需要从消费者需求出发，把握消费者需求的本质内涵、变化方向和发展趋势，随时调整市场营销策略，以促进营销策略的针对性和有效性。

第三章　大规模定制家具生产实践与发展态势

第一节　大规模定制家具行业的发展历程

受到新技术影响，家具生产经历了传统定制、标准化生产、个体个性化定制（多品种小批量定制）、群体个性化定制（大规模定制）的发展阶段，如表 3-1 所示。

表 3-1　大规模定制家具的发展阶段过程

	传统定制	标准化生产	个体个性化定制	群体个性化定制
产生背景	18 世纪末，第一次工业革命，出现了蒸汽驱动的机器制造设备	20 世纪初，第二次工业革命，人类进入大批量生产流水线式电气时代	20 世纪 70 年代，第三次工业革命。大规模使用电子、机器和IT，提升生产效率	21 世纪，工业 4.0 时代，工业化与信息化深度融合
生产效率	手工制作，效率低下	采用自动化流水线作业，生产效率大幅提高	频繁调整生产设备，生产效率低	柔性生产，产品批量大，生产效率高
质量水平	产品质量不高	产品质量提高且保持稳定，产品质量是可控的	产品质量提高且稳定，可以有效把控产品的质量	产品质量非常高且稳定，可以有效把控产品的质量

续表

	传统定制	标准化生产	个体个性化定制	群体个性化定制
产品个性化	设计水平不高，个性化不显著	产品同质化，缺乏个性	产品凸显个性化需求	产品凸显群体的共同个性需求
顾客参与度	顾客参与部分设计	顾客不直接参与设计，而是通过市场间接影响产品的设计	顾客直接参与设计	顾客直接参与设计的全过程
问题分析	生产效率低、个性不凸显、质量无法保证	对市场的反应不灵敏，容易导致产品滞销、积压等库存问题	管理难度大，产品生产成本高，供应链易产生问题	群体客户与设计师沟通存在问题

资料来源：杨东芳. 面向大规模定制家具消费者需求的获取与响应［D］. 南京林业大学硕士学位论文，2016.

在计算机信息技术等迅猛发展的背景下，大规模定制已经成为当下现代制造业的主流模式（吴智慧，2017）。大规模定制家具通过将个性化设计与工业化、标准化、规模化生产相结合，具备量身定做、节省空间、整体感强、环保等诸多优点（熊先青和吴智慧，2013）。随着我国经济的持续增长，以及居民可支配收入水平的不断提高，人们对家具产品的需求已不仅是满足其基本的使用功能，更加关注房屋空间整体布局、设计参与感、品牌内涵及健康环保等因素，定制家具越来越受消费者青睐，成为近年来家具消费领域中新的快速增长点。

我国大规模定制家具市场主要集中于定制橱柜和衣柜等领域，涌现了诸如卡诺亚（Knoya）、好莱客（Holike）、索菲亚（Sogal）、维意（Wayes）、欧派（Oppein）等知名的家具定制生产商。在中国家具行业中，首家把"定制"作为经营理念的品牌是尚品宅配。作为中国家具定制的龙头品牌，它创新性地让顾客有机会加入到家具设计的过程，根据顾客的个人喜好和需求，为顾客提供个性化、定制化的家具设计方案，以此给予顾客全新的家具消费体验（吴清烈，2015）。定制家具企业开展"大家居"战略，逐渐向电视柜、鞋柜、书柜、酒柜等柜类家具及其他品类家具延伸，主要定制家具企业对比如表3-2所示。

表 3-2　主要定制家具企业对比

	索菲亚	好莱客	尚品宅配	欧派
成立时间	2003 年	2007 年	2004 年	1994 年
初始业务背景	定制衣柜	定制衣柜	圆方设计软件	定制衣柜
主要产品	司米橱柜、衣柜、其他柜体、实木成品家具	衣柜、书柜、其他配套家具	柜体，衣柜等柜体全屋定制	整体橱柜、整体衣柜、整体卫浴、定制木门
品牌内涵	关注每一个细节	舒适的家	DIY 百变定制	有爱有家有欧派
线下销售渠道（2022 年）	经销商 1781 个，专卖店 2829 家	经销商店 2006 家，直营店 27 家	经销商店 2056 家，直营店 72 多家	零售渠道新开新装门店超 440 家，零售体系合作装超 4000 家，集成厨房商业模式新开店超 170 家，开设商超大家居的城市超 100 个
O2O 布局（2022 年）	天猫、京东、抖音、快手等平台均开设店铺	成立广州定家网络，专营电商业务；公司启动《星播学院》，赋能终端渠道孵化直播达人，通过短视频、直播等模式创新变现流量	在线直营商城新居网、"新居专营店"抖音店铺会员突破 100 万、与超 200 家一线品牌开展带货直播 373 场	2014 年底上线自有商城，通过直播、设计大咖 IP 直播活动、综艺、优质 KOL & KOC 种草矩阵等全方位为品牌破圈加码，为终端派单 30 万次以上
上市时间、地点	2011 年深圳证券交易所	2015 年上海证券交易所	2017 年深圳证券交易所	2017 年上海证券交易所
销售收入（2022 年）	112.2 亿元人民币	28.2 亿元人民币	53.1 亿元人民币	224.7 亿元人民币

资料来源：笔者自行整理。

定制家具上市厂商的营业收入、利润总额增速明显，盈利能力显著强于行业整体。根据华经产业研究院发布的数据，定制家具行业规模近年来呈现出快速发展的态势。2016~2021 年，我国定制家具市场规模从约 1982 亿元迅速增至 4189 亿元，期间年复合增速为 16.15%。

根据中商产业研究院数据，2017~2021 年，中国定制家居行业规模从 2413 亿元增长至 4189 亿元。2019 年第一、第二、第三季度营收同比增速分别为 34%、20%、16%，归母净利润增速分别为 59%、38%、20%，显著高于家具制造业对应的平均水平（中国报告网，2020）。定制家具行业盈利能力高于行业平均水平，主要是因为定制家具行业在管道拓展方面持续加速，并通过"大家居"战略不断带动客单价的提升，且推出的定制衣柜、定制橱柜等相关品类在市场扩张的过程中持续获得需求端的接受与认可。

另外，中国报告网数据还显示，定制家具公司的平均毛利率水平要显著高于行业平均水平，结合净资产收益率（ROE）水平来看，索菲亚、好莱客、欧派的ROE平均水平分别为16.64%、8.7%、16.7%，显著高于业内平均水平，这主要是因为定制家具品牌相对于一般家具品类来说，具有较强的品牌溢价能力并且能够通过柔性化生产制造和信息化管理体系完善的方式提高板材利用率和生产效率，从而持续拉动毛利率水平的提升。

大规模定制家具行业发展快、市场规模大、龙头厂商多、产品品类齐全，市场竞争策略将由产品导向逐渐转向顾客导向，亟待深入挖掘顾客需求，并传递顾客价值，从而获得市场竞争优势。

第二节　大规模定制家具行业的生产实践

一、大规模定制家具行业的定制模式

大规模个性化定制是以低成本和高效率的大规模生产方式满足顾客独特情感需求的一种创新型定制服务模式，其主要特征之一是利用智能化的制造体系以标准化的结构尺寸满足顾客的定制需求。这种生产模式是将产品各组成部分模块化，给顾客提供产品模块搭配的多种选择方案来完成定制成品，以此来满足顾客追求个性化定制的心理需求。家具由多种模块要素拼接组成，企业和平台提供可定制的家具模块内容，利用线上定制体验模式和智能生产体系相互协同完成服务系统，从而为顾客在购买家具产品时提供新的服务体验。家具个性化定制平台提供的定制模式与用户定制体验息息相关，传统的以商家利益设计的定制模式缺乏对用户需求的关注，只有了解用户在实际定制过程中遇到的问题，才能合理规划用户期待的定制信息提供方式和定制体验模式。由此可见，要提升用户对家具定制过程的满意度，需要基于合理方法调研用户需求，对定制模式设计提出创新思路，将改善用户定制体验作为首要目标进行定制模式的设计研究。

如图 3-1 所示，大规模定制家具生产者和企业以电话等形式确定顾客的需求，并根据顾客的订单要求进行配置设计，形成定制家具产品初步的设计方案以及报价并上门沟通。在与顾客沟通关于定制家具产品的生产细节之后，企业就开始正式地设计作图环节。当设计图获得客户认可之后，企业和顾客之间正式签订合同，但顾客需要先支付预付款。之后，企业提供设计效果图并由顾客最后定稿，再确定生产做工的日期。根据企业与顾客根据协定好的日期，企业即可正式开始定制家具产品的生产做工。待做工完毕，由客户验收产品。企业根据顾客反馈的修改需求调整和完善产品后即可交付成品，顾客收货确认后支付尾款。由此，大规模定制家具产品的定制流程基本完成，企业在大规模定制家具产品售后进行服务跟踪。

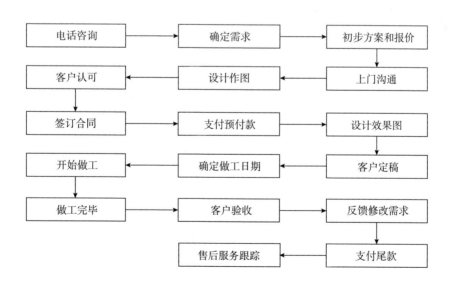

图 3-1　大规模定制家具定制流程

资料来源：笔者自行整理。

案例：索菲亚的大规模个性化定制家具运营系统

（一）索菲亚的大规模个性化定制家具定制流程

索菲亚家居股份有限公司致力于提供定制柜、橱柜、木门、墙地一体化的家具产品和服务，并专注于配套五金、家具家品、定制大宗业务的研发、生产和销售。索菲亚家居在定制家具行业中处于领先地位，不仅是行业内最早提出"定制"概念的企业，还是行业中率先进行数字化转型的家具企业。

索菲亚的家具个性化定制服务流程主要为：顾客通过线上商城或线下实体店了解产品→设计师与顾客之间的需求交互→为顾客提供上门量房服务→根据顾客的需求制作设计方案→与顾客沟通、修改和确定设计方案→合同签订及预付款→订单处理→订单生产→货物发运→上门进行产品安装→顾客回访及售后服务。与传统的先生产、再销售的销售策略不同，索菲亚为每一个潜在顾客提供了"免费上门、免费设计"的服务，用来满足顾客的多样化需求，与顾客共同设计出顾客想要的个性化家具产品，如图3-2所示。

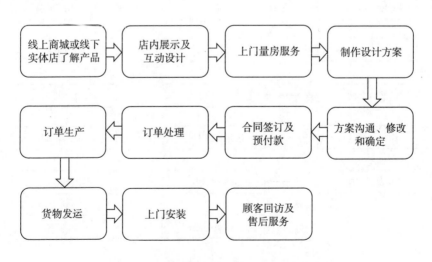

图3-2　索菲亚的家具个性化定制服务流程

资料来源：笔者自行整理。

（二）索菲亚大规模定制家具顾客需求交互

顾客能够通过索菲亚官网中的"搜我家"，并依照自己的需求，随意地组合家具产品、选择产品风格、体验自主个性化设计的方案。整个体验过程通过网站的交互设计完成，所形成的整套方案还包含参考价格、产品清单明细等信息。索菲亚交互平台有三种类型的终端接口：索菲亚官网、门店以及电话咨询。设计师通过了解顾客需求或上门服务，在交互设计平台中为顾客建立相关的数据模型，并根据顾客个性化定制的需求进行初步设计，将解决方案进行可视化展示，顾客体验后进行多次交互修改，最终形成满足顾客需求的个性化家具定制方案，如图3-3所示。

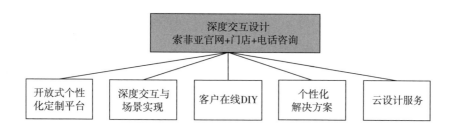

图3-3 顾客需求交互过程

二、大规模定制家具的生产实践案例

大规模定制基础是产品的模块化设计、零部件的标准化和通用化。家具的模块化始于20世纪初，1900年德国一个家具企业设计开发的"理想书架"是最早运用模块化原理设计的家具。该设计将书架分为三种模块：底座、架体顶板，其中架体有多种不同的尺寸，所有架体的长度都相同，变化的是架体的宽度和高度，顾客可以根据自己的需求组织所需要的"理想家具"。"理想家具"不仅是最早的模块化家具，更是最早运用模块化原理设计的产品。

（一）维尚家具

自带互联网基因的家居品牌尚品宅配成立于2004年，其全称为"广州尚品宅配家居股份有限公司"，是一家主营全屋定制家具、强调高科技创新性并迅速发展的企业。经过十多年的高速发展，尚品宅配已经成为集建材、成品家具、软装家具、家电等为一体的家居服务商，其产品 SKU^① 达到了 5000+，数倍于同类竞争对手。同时，尚品宅配还具备整合设计、售后整体服务、信息化服务的能力，能解决用户对家装的整体配套需求，这就是家居行业所谓的"全屋定制"。

尚品宅配是最开始专注于全屋家居设计的企业之一，强大的 CAD 制图软件让尚品宅配的客单值和利润非常可观，依托这样的背景，尚品宅配在行业内首推 0 元设计，主推 0 元设计家具解决方案，采取半包或者全包的模式。由于设计的高附加值，使得尚品宅配近几年一路高歌猛进，在全国建立庞大的专卖店网点体系。

新居网是尚品宅配旗下全资子公司，于 2008 年 9 月创建，是尚品宅配线上官方商城，承担了互联网家装业务，是全国最大的整体定制家具直销网，为用户提供卧室、客厅、厨房、卫生间、阳台等在内的全屋家具定制服务。通过与顾客进行互动，设计并提供免费的个性化装修方案，使得家具消费从过去被动的自然进店选择转变为客户互动的 C2B 模式。

尚品宅配在自有互联网基因的基础上，深耕 O2O 新零售，利用定位及渠道差异化持续不断地做出了产品革新和营销创新。依托于 SM 店以及新居网新零售策略，尚品宅配实施精准营销，抓住时代的洪流，不断创新新媒体营销矩阵，围绕 O2O 模式搭建矩阵式传播策略。截止到 2018 年 9 月 30 日，尚品宅配客户来源主要有自然客户进店、官网引流客户、口碑宣传客户三种。对于自然客户，尚品宅配专门在建材城内保留了一部分店面，并且在人流量更大的商场里面大量开设店铺，用来接待自然客流。在网上，尤其是官方网站及天猫商城，尚品宅配通过总部客服统一为网上客户解答住房面积、定制空间、预期价格等问题，并将咨询信息迅速发送到客户所在地区的网上店铺设计师系统中，再指派设计师与客户进行定向沟通为网上引流的客户进行服务。口碑宣传客户主要是由老客户介绍而来的，这些客户可以随时选择更换设计师及店面。

---

① SKU 英文全称为 Stock Keeping Unit，是产品入库后的一种编码归类方法，也是库存控制的最小单位。

（二）索菲亚

1981 年，Hassenfratz 创立法国 SOGAL，欧洲衣柜版图因此改变。2001 年，索菲亚品牌的创始人和 Hazzenfratz 先生基于中国消费者的需求，把 SOGAL 壁柜移门产品引入中国。开创了中国定制衣柜时代。2003 年，索菲亚在广州增城设立国内首家工厂，并成立了索菲亚中心实验室，逐步实现产品的国产化。2011 年，索菲亚登陆深交所，成为中国首家上市的定制家具企业，开启定制家居上市新纪元。2003~2012 年，索菲亚主打销售定制衣柜，开创了国内定制家具的先河。2013~2018 年，索菲亚布局"大家居"战略，即拓展品牌与业务种类，在这一战略下，索菲亚成立司米橱柜与索菲亚·华鹤木门，分别占领橱柜定制和木门定制市场的半壁江山。2019 年至今，索菲亚实行整家定制战略，即全屋包括客厅、厨房、卧室、卫生间等全区域定制。随着中国电子商务的蓬勃发展，索菲亚通过持续洞察中国消费者的变化、研究行业竞争态势，逐步完成了全渠道、多品牌、全品类的战略布局，着力整合线上线下业务，打造"线上引流+线下服务"的消费闭环。索菲亚长期专注于柜类定制，打造品牌核心竞争力，为广大消费者输送专业的家居定制体验。

索菲亚上市后，凭借资金优势在全国多地设厂，快速扩大产能，构建起辐射全国的生产和销售体系；同时，在行业内率先开展数字化转型，较早实现了大规模定制生产模式。至今，公司已经建立起覆盖全市场的完善品牌矩阵，分别是以中高端市场为目标的"索菲亚"、以高精人群为目标的"司米"和"华鹤"、以大众市场为目标的"米兰纳"，四大品牌相互呼应，满足消费者一站式定制需求，形成集团内部相互呼应的产品研发和供应体系，覆盖衣橱门全品类，实现纵深渠道全面发展。前端产品定制的持续优化和后端制造体系的智能化升级是索菲亚发展的鲜明特色，使其成为我国定制家具行业的引领者。2012 年，索菲亚开始进行生产制造的信息化升级，设立索菲亚西部成都、华东嘉善、华北廊坊三大生产基地。2013 年，索菲亚的柔性生产线正式投产，成功推出了定制衣柜第三代生产模式。2014 年，在黄冈设立索菲亚华中生产基地，优化公司现有的生产工业布局。此外，索菲亚还成立了信息与数字化中心，进行 IT 的整合式发展。2015 年，索菲亚设立电商部门，探索线上市场。2016 年，成立广州宁基智能系统有限公司，注资极点三维科技有限公司，投入 OEM 和实木新品，在智能制造和虚拟现实技术应用上齐头并进。2017 年，索菲亚进一步丰富产品品类，向消费者提供家具家品的一站式服务，以"懂空间·会生活"的全新理念引领"全屋定制"的市场潮流。同年，与恒大合资成立河南恒大索菲亚家居有限责任公司，切入整装市场。2018 年，位于湖北黄冈市的"工业 4.0"工厂投入使用，标志着数字化转型基本完成。2019 年，随着市场竞争日趋激烈，索菲亚选择与中国国家女子排球队合作，强化"专注、专业、专家"的品牌形象，力图与其他企业形成差异化竞争。2020 年，新冠疫情期间，索菲亚迅速铺开多渠道营销，大力推动线上渠道的发展。到目前为止，索菲亚已形成"东南西北中"八大生产基地的完整制造体系，组建了强大的终端销售网络，开设终端门店逾 4000 家，覆盖全国 1800 个城市和区域。同时，索菲亚着力发展数字化营销，整合社群营销、直播裂变、网红带货等多种线上营销方式，打造线上线下一体化的营销闭环。2021 年，索菲亚发布了米兰纳品牌，并将其品牌定位升级为"索菲亚衣柜——整家定制"。

1. 发展历程

索菲亚发展至今，在生产上已走过了三个发展阶段。第一阶段是 2001~2007 年。在此阶段，由于定制衣柜刚刚起步，其质量保障主要依靠定制师傅的水平和制作材料的品质，出现容错率低、耗时长、效率低、成本高、成品质量和安全性难以保证、售后糟糕等问题。第二阶段是 2007~2012 年。在这个阶段里索菲亚改变了生产模式，采用标准件+非标准件的方式进行半自动化生产，大大提高了容错率，缩短了产品的生产周期，摆脱了生产加工完全依靠人工的局面，效率得到有效提升，但非标准的生产为确保质量仍需要人工操控。第三阶段是从 2012 年索菲亚引进柔性化生产线后至今。全柔性化加信息化的生产模式帮助索菲亚突破了生产周期"瓶颈"，平均交货周期降低到 7~12 天，高信息化、高技术化的生产设备高质高效地满足了顾客的个性化定制需求。

2. 生产模式变迁

(1) 产品工艺

索菲亚引进了先进压贴生产线，可以根据客户对产品的需求为客户量身设计，德国豪迈封边机、德意打孔中心既提高了生产效率也保证了产品的质量。2013 年 4 月，索菲亚引进柔性生产线，在提高效率的同时节省了成本，柔性生产线的引进让定制衣柜行业进入第三代生产规模。

索菲亚产品主要材料是实木颗粒板，实木颗粒板防潮性较好，首次打钉的握钉力强，膨胀率小，稳定性好，隔音隔热性能较强。同时，索菲亚产品注重质量环保安全，基材达企业标准环保级别，符合 GB18580-2017 国家标准。

（2）智能化生产流程

大规模个性化、智能化定制家具生产流程如图 3-4 所示。索菲亚率先布局工业 4.0 智能生产线，用科技重新定义生产，引领行业潮流。湖北黄冈 4.0 车间拥有自主知识产权，占地面积 33.3 万平方米，集制造、展示、培训为一体，是索菲亚旗下最大的制造中心，是索菲亚探索"新变革、新技术、新标准、新智造、新物流"之地。

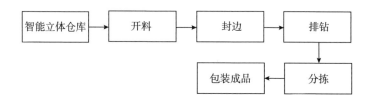

图 3-4　大规模个性化、智能化定制家具生产流程

（3）物流配送

索菲亚委托第三方快递公司为客户提供送货上门服务，客户无须向快递公司支付额外的费用。客服部每日对管理系统上的安装信息进行收集和分类，并根据不同的区域和产品数量，把安装指令派发到相关的安装组。安装组接到指令后，根据客户情况及任务量，提前预约客户及配备好有关工具，及时上门为客户提供家具安装服务。

（4）品牌的核心竞争力

1）品牌力

索菲亚身为"柜类定制专家"，在柜类业务上持续领先，定义了中国定制衣柜标准，开创了中国定制衣柜时代。随着时代的发展，索菲亚逐步建立起全屋定制、整厨定制、整屋木门、整屋墙板、整屋家居、整屋地板、整屋电器七大品牌矩阵，再次定义了整家定制标准，创领中国整家定制新时代。

2014 年，司米由索菲亚引入中国，秉承"专注每一个细节"的理念，以打造中国家庭满意的整体厨房及定制家居为目标，为中国家庭带来更便捷、快乐、高品质的家居生活。米兰纳作为索菲亚家居的互联网品牌，依托索菲亚家居 41 年的丰富市场经验、规模化生产工艺和成熟的供应链，以大众市场为目标专注做"衣柜+整家定制"。以高精人群为目标的"华鹤"是索菲亚家居和华鹤集团强强联袂打造的轻高定全屋定制品牌。2022 年，华鹤木门全面升级为华鹤木门 | 全屋定制，借助索菲亚家居强大的柜类定制经验成功延伸柜类产品，全面升级为"木墙柜"全屋木作系统，并拓展高定衣柜、橱柜以及家具家品等配套产品，提供专业的全屋定制装修系统解决方案，广受市场与消费者的青睐。

2）文化力

索菲亚家居的核心价值观从 1.0 时代的"敬业、创新、协作、诚信"，到 2.0 时代的"创新、分享"，再到如今 3.0 时代的"客户至上、创新分享、专业高效、诚信进取"。无论何时，顾客的消费体系、方案设计、专业高效永远是驱动索菲亚发展的"三驾马车"，也是索菲亚成功的经验。另外，回顾索菲亚全屋定制产品的发展历史，也跟企业文化紧密相关，大致经历了三大发展阶段，从 1.0 单品时代，到 2.0 定制家时代，再到如今 3.0"大家居"时代，产品风格多样化。索菲亚在全屋定制之上，产品延伸至软装、饰品、地板、家品、隔断、护墙板等多品类，并做到整体风格协调。索菲亚产品系列不仅注重美学视角、材料性能及实用性方面的提升，而且从设计人性化的角度构建生活价值，全力提升客户体验，引领新时代"大家居"新风向。创新是定制家居企业的命脉，也是索菲亚最强大的核心竞争力。

3）产品力

随着第四消费时代的来临，大众消费观念趋于理性，对消费的需求也更贴近必需。索菲亚敏锐地抓住市场变化，创建认知优势，大力推广品牌知名度，积极探索个性化消费需求，让产品和品牌成为竞争的基本单位。2017 年，索菲亚收购定制门类企业，并与成品家具企业合作，使产品组合从多品类定制升级为"定制家具+ODM成品家具"，为消费者提供一站式的家具购物体验。同时，索菲亚还通过与房地产企业合作，涉足家具整装业务，进一步扩大市场。索菲亚家居依托丰富的市场经验、规模化生产工艺和成熟供应链，融合现代潮流设计及居住需求，为消费者提供最具质价比的优选家居美学方案，创造人人用得好、住得美的国家级整家定制家居品牌。

基于对新消费者需求的洞察与市场未来走势的研判，索菲亚创造性地定义了整家定制的三个核心关键点：品类全、环保优、够专业，并提出整家定制的"10配"标准以及整家定制的6大"真标准"，成为行业首个从全维角度定义整家定制的企业。索菲亚秉承专业，不忘初心，将品牌定位为"柜类定制专家"，坚定"环保超越欧标，设计引领全球"两个核心价值。索菲亚坚持以更高的环保标准要求自身，积极在各个方面做出探索和尝试，为消费者提供更加健康、环保、安全、信赖的居家环境，并结合大数据和海量实际案例，通过产品风格化、风格多元化给广大消费者提供个性化产品，为数千万家庭提供美好生活解决方案。

4）供应链能力

在中国市场二十多年以来，索菲亚在全国信息化和工业化布局突飞猛进，智能制造水平在全球定制家居行业遥遥领先。在定制家具智能制造技术水平的创新和提升方面，索菲亚家居自主研发了诸多核心技术专利，其八大生产基地遍布中国的东南西北中部地区，为中国消费者提供更快、更高品质和更具性价比的产品和服务奠定了基础。

5）数字化能力

定制家居企业的创新体现在科技和创意方面，表现在要推陈出新，跟上时代的步伐，适应消费者审美升级。在科技创新方面，为了配合前端销售，索菲亚推出了全屋定制3D设计软件，解决了定制家居企业为顾客提供服务环节过长的痛点，在各个门店推进3D数字展厅、VR虚拟现实眼睛、全息立体幻影成像展示，让消费者通过实时设计，看到快速生成的VR实景图，沉浸式感受家装效果，做出最佳最适合的选择。如今的DIYHome已经积累了海量的真实设计案例，这些案例不仅可以给客户提供更直观的"买家秀"以供参考，而且让索菲亚拥有了庞大的家居设计数据库，助力索菲亚分析客户的多元化需求，从而给家居设计带来更多的创新（见图3-5）。

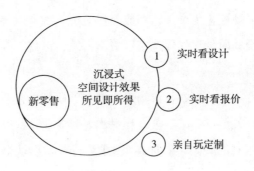

图3-5　索菲亚的数字化创新

回顾索菲亚家居的发展历程，不难看出，在面对变幻莫测的市场时，一个优秀的企业能快速准确地做出响应，背后必有无数个有力的齿轮在快速运转，如敏锐的设计需求捕捉、精准先进的制造设备、精良的产品工艺、完善的售后服务体系等。未来的定制家居发展，不仅是定制产品，更是融合多品类产品，一体化设计、制造、销售，给客户带来全新的购物体验，索菲亚致力成为大家居行业解决方案的提供者。同时，索菲亚也以强大的产品体系为基础，不断扩张室内产品的维度，为消费者创造更深切、舒适的居家体验。

第四章 研究方法与设计

第一节 研究方法

一、研究架构与流程

（一）研究架构

本书以方法—目的链理论为基础架构，旨在探讨大规模定制顾客价值研究，即探讨大规模定制家具消费者对家具产品属性的认知与期待，通过实际的消费行为产生的结果，联结到不同的个人最终价值。Gutman（1982）所提出的方法—目的链理论依照定性研究方法收集资料，经由多位元专家学者进行内容语义信度分析，来探索人们如何建构价值意义，以及什么是人们所关切的属性。属性是以大规模定制家具产品所涉的相关因素，来探讨消费者产生的功能性结果与社会心理性结果，进而联结到个人价值（Kahle，1989），理论模型如图4-1所示。

（二）研究流程

本书基于以上研究架构，执行以下研究流程：首先，以阶梯法对受访者进行一对一深度访谈，以获得访谈资料；其次，借由内容分析方法对访谈内容进行分

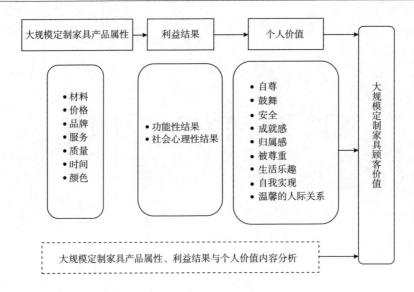

图 4-1 理论模型架构

资料来源：笔者自行整理。

析形成访谈阶梯，建立关键因素之间的意涵矩阵，以描绘出属性、结果和价值各个要素之间的关系；最后，依据意涵矩阵构建大规模定制家具行业顾客感知价值阶层图，以此构建消费者购买大规模定制家具的影响因素、结果及价值的联结关系。

二、概念性定义

本书的研究范畴内所界定的价值是驱使消费者购买大规模定制家具的内在动机，也是消费者感知大规模定制家具在其内心所产生的最终存在状态。本书以方法—目的链理论为基础探讨消费者所认知的大规模定制家具的特性，以及这些特性给消费者所带来的结果和最终的个人价值，即剖析大规模定制顾客的消费经历与追求价值的内在联系。为此，本书将方法—目的链理论所涉及的属性、结果、价值的概念性定义分别整理汇总，具体内容如表 4-1、表 4-2、表4-3 所示。

表 4-1 产品属性的概念性定义

	学者	定义
概念性定义	Wilkie 和 Pessemier（1973）	产品属性分为具体属性与抽象属性，具体属性是购买标准，抽象属性则是主观知觉
	Szybillo 和 Jocoby（1974）	产品属性分为内在属性与外在属性，内在属性是指产品本身实体的性质，外在属性并非产品实体的性质，但与产品有关，如售后服务
	Reynolds 和 Gutman（1984）	产品属性即为产品或服务的特性，可分为具体特性与抽象
	Zeithaml（1988）	产品属性分为内部属性与外部属性，内部属性是指产品的实体本身，外部属性如贵重、品牌
	Valette-Florence 和 Rapacchi（1991）	产品属性即产品或服务的特性
	Pitts 等（1991）	产品属性为产品、事务或活动的特征，具备有形或无形的特点
	Keller（1993）	产品属性分为产品相关属性及非产品相关属性，产品相关属性与产品组成物质或服务有关，非产品相关属性与产品或服务购买或消费有关
	Richardson 等（1994）	产品属性分外显属性与内隐属性，外显属性是消费者能明确分辨出产品间差异的属性，内隐属性是消费者对某产品获得心理层面满足的属性
	何昭贤（2002）	产品属性分为质化属性与量化属性，质化属性是消费者本身主观的认知进行评量，量化属性则是可以利用具体的尺度加以衡量
	陈贞吟和孙好鑫（2008）	产品属性是消费者在体验过程中所感知到的任何事物
	张志源（2008）	产品属性最主要可以分为两个层次，一个是产品本身客观存在的特质，称为具体属性；另一个是消费者主观知觉的特质，成为抽象属性

综合以上学者关于产品属性的研究结论可以看出，本书研究范畴内所谓的产品属性是指消费者购买大规模定制家具时所考虑的要素，具体属性如材质、颜色、价格，抽象属性如质量、服务、品牌等

资料来源：笔者自行整理。

表 4-2 结果的概念性定义

	学者	定义
概念性定义	Gutman（1982）	结果是消费者直接或间接从其消费过程中所获得的生理或心理上的成果

续表

学者		定义
概念性定义	Olson 和 Reynolds（1983）	结果可分为功能性结果与社会心理结果，功能性结果是有形的、直接的经验，购买后立即得到；社会心理结果是有关情感、个人经验，购买后持续较久
	Olson 和 Reynolds（2001）	消费产品可得到正向或负向结果，消费者追求正向结果（利益）并且避免负向结果（风险）；结果若是正向经验，则消费者会想再去体验
	陈瑞娟（2008）	结果就是通过产品或服务的特性、形态、性质，直接或间接获得生理或心理上的好处
	詹定宇和彭西乡（2010）	结果分为具体的功能性结果与抽象的社会心理性结果。功能性结果是消费后所产生的生理反应，如喝水止渴；社会心理性结果是比较抽象的心理认知，如穿戴品牌能更吸引人
	黄淑琴和陈贞吟（2011）	结果是由产品或服务属性所引起的功能或效益，较为抽象，包含想要的结果或获得利益，以及不想要的结果或风险

综合以上学者关于消费结果的研究结论可以看出，本书研究范畴内所谓的结果是指消费者购买大规模定制家具时的属性给消费者所带来的利益，功能性结果如实用、舒适、创造性；社会心理性结果如信任、环境保护

资料来源：笔者自行整理。

表 4-3 价值的概念性定义

学者		定义
概念性定义	Rokeach（1973）	价值是一种持久的信念，它是人类行为偏好的基础，促使个人或社会偏好某种行为模式或存在目的的状态
	Gutman（1982）	价值是消费者所渴望的最终存在状态
	Reynolds 和 Gutman（1984）	价值可以分为帮助性价值与最终价值，其中帮助性价值反映外在的知觉认知，最终价值则自己如何看待自己，如自尊或安全
	Holbrook（1986）	价值是消费经历的结果
	Schwartz（1994）	价值概念内涵的特征：①信念；②理想的最终状态；③超越具体情况；④引导选择或评估行为、人和事件；⑤价值在每个人心中标准有先后顺序
	Peter 和 Olson（1999）	价值是代表消费者渴望的或有用的目标，消费者可以通过产品的拥有或消费的过程来满足个人价值
	Wong 和 Hu（2011）	价值概念的定义：①是社会整体的利益；②可以激励行动方向和情感强化；③是判断和证明行动的标准；④是一个人在社会化及自我学习过程中的内化结果
	黄淑琴和陈贞吟（2011）	价值是消费者渴望的最终存在状态，是一种描述与个人有关的内在目标

续表

学者	定义
综合以上学者关于价值的研究结论可以看出，本书研究范畴内所谓的价值是指大规模定制消费者的消费目的、最终状态，如拥有安全感、家庭温馨、自我实现	

资料来源：笔者自行整理。

三、定性研究

定性研究（Qualitative Research）也被称为"质性研究"，是指对于存在于研究参与者（信息提供者）内心世界的现象的相关文本，是研究者从自身出发以主观的方式对相关文本加以解释并进行再构建过程的研究（高木广文，2011）。定性研究最早应用在人类学和社会学，直到 1980 年才被广大研究者所知晓（Bogdan and Lutfiyya，1982）。定性研究通过现场观察、体验、访谈或焦点小组讨论的资料收集方式，对社会现象展开分析和深入研究，并归纳总结出理性概念，对事物加以合理解释的过程，其广泛应用于人类学、社会学、心理学与教育学等学科当中。定性研究从被研究者的视角切入、以文字的形式对现象、行为等进行描述和分析，从现实环境中总结出规律，从而理解社会、人及其相关行为，是建构并获得解释性理解的过程。定性研究是不经过由数量统计程序或其他量化方法而产生研究结果的方法（Strauss and Corbin，1990），其目的是探索、描述、解释或预测客观世界的现象，且在管理研究上具有重要性（许士军，1996）。定性研究对于资料的收集与分析不必受到资料量化的限制，可以结合被访对象及研究议题的性质而动态调整，并通过实际收集和分析资料的过程了解事物的现象。当然，采用定性研究途径与方法时，或许不能认为因此就能获得最终想要的研究结论，只是把它定调为为了获得共同的认知而继续进行量性研究前的"预备性研究"。

定性研究详尽且有足够的深度。因此，定性研究可以看到标准化测验所看不到的现象，找出以往文献或现象所忽略的问题，进而发展新的理论。定性研究还可以协助研究者从广阔的视野看待研究以及世界，而不是局限于过去的研究发现，从而可以避免主观先见（Flowerdew and Martin，2005）。从目标来讲，定性研究主要是对理论进行构建、修正和检验。Lee（2014）认为，定性方法主要是对特定现象的描述、理解和解释。在针对一个新的、特定的课题研究中，一般运用定性的手段来记录新现象或者检验认知和因果机制。定性研究在揭示个体、团队和组织的深层次机制以及这些机制产生的原因、演变及解决之道方面具有非常重要的价值。也就是说，越重视社会现象的个性、复杂性和特殊性，就越倾向于使用定性研究方法；越重视社会世界的主观建构，就越倾向于使用定性分析方法。定性研究通过对独特、复杂的社会现象进行深度挖掘并建构的知识往往会产生新的理论，或者是对原有理论的检验或完善。

定性研究方法常应用在探索性研究领域，Hair 等（2000）提出使用定性研究主要围绕下列六个方面展开：①要准确找出商业问题、机会或是建立信息的需求等过程阶段；②要事先找出关于动机、情绪、态度与性格等影响市场行为的因素；③要建立理论或模式以解释市场行为或多种市场营销构念；④尝试发展可靠有效的量表，以衡量某些特别的市场因素、消费者特征（如态度、情感、偏好、信仰和认知）和行为表现；⑤初步了解营销策略对市场行为的影响效果；⑥开发新产品、提供新服务或是针对既有产品或服务重新定位。

常用的定性研究资料收集包括直接访谈、参与观察、文本形式。

直接访谈的资料：访谈是一种有目的、面对面的交流过程，通过被访者对某个议题的经验、意见、感受和知识等，研究者以此获得、了解及解释受访者个人对该议题的看法和认知。

参与观察的资料：作为研究手段的观察，研究者能够探索和记录正在进行中的事件或行为，可以利用实地笔记、录音、录像和照相等方法获得资料，有助于研究者了解、沟通、预测及控制人的行为。

文本形式的资料：实证主义的传统学者依赖文本作为他们研究的主要资料，如访谈逐字稿、报纸杂志、会议记录、网络日志等，研究者可以通过文本分析、内容分析及论述分析来帮助他们加深对现象的分析深度。

本书采用定性研究，以方法—目的链理论为基础，借由阶梯法采用直接访谈的方式获得受访者对大规模定制家具的认知以及感受的访谈资料，再用内容分析方法针对访谈逐字稿加以分析，萃取关键词并进行编码。鉴于采用开放式访谈方式，受访前不易掌握受访者可能回答的答案。因此，本书采用事后编码，计算出编码的关键词出现的次数，然后统计次数用于构建意涵矩阵，并最终绘制价值阶层图。基于方法—目的链理论的定性研究流程如图4-2所示。

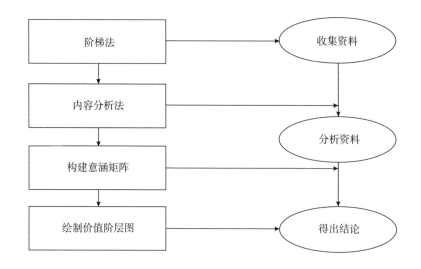

图4-2　基于方法—目的链理论的定性研究流程

资料来源：笔者自行整理。

四、阶梯法

阶梯法是应用方法—目的链理论时的主流分析方法（Gutman，1997），是利用诱导性的访谈方式，借此了解顾客如何将其对产品属性的认识转化为对其个人有意义的结果与抽象的价值，找出消费者对于被调查产品的属性、结果和价值之间的关系（Lin et al.，2007）。由于在消费者自我构建过程中，产品属性、使用结果与个人价值并不会产生直接的关系，也就是说消费者内心并不会有个具体的方法与目的，这些具有意义的关联性需要由研究者来发现与界定（Reynolds and Gutman，1988）。因此，Reynolds 和 Gutman（1988）认为，采用阶梯访谈法可以有效地建立"属性—结果—价值"的结构，引导消费者将内心所重视的产品属性、结果以及内在价值连接成一条条阶梯。Myers（1996）认为，阶梯访谈法有助于理解顾客是如何看待某种产品或服务，识别出产品或服务中影响顾客的偏好以及选择的属性，揭示了这些关键属性之间的联系，由此推理出消费者的决策结构模型。阶梯法的资料收集策略依据其可以执行为深度访谈的软式阶梯法与结构化问卷的硬式阶梯法两种方法。软式阶梯法是利用一对一的深度访谈，以直接询问受访者的模式作答，受访者回答时不会受到任何限制，可以自由回答任何问题（Gutman and Miaoulis，2003）；硬式阶梯法则是指限制受访者用一次一个阶层的阶梯模式进行回答，循序渐进地往层次较为抽象的方向回答（Grunert and Grunert，1995）。2001 年，Grunert 提出方法目的链分析的主流方法——阶梯技术中的软阶梯技术。软阶梯技术主要利用深度访谈，在不受限制的环境下让应答者自由表述，研究者必须理解给定答案的含义并与方法—目的链模型相联系。软式阶梯法可以从受访者对话中获得较多有用的信息，且可以深入了解消费者心中的最终价值；而硬式阶梯法可以避免在进行访谈时所造成的个人主观价值之偏差，能够节省时间，但此方法的缺点是无法明确地显示消费者内心的真正想法。软式阶梯法以一对一深度访谈为主，除了较为费时外，其结果也会受到访问者的专业程度以及受访者的现场反应所影响，所以软式阶梯法并不适用于大样本的收集（Hofstede et al.，1998），其代表性可能存在不足，为此，其后需要发展出利用问卷来弥补软式阶梯法的不足之处。由于本书基于探索性分析研究，为了能够获取更为完整的受访者资料，可以用软式阶梯访谈法作为基本收集资料和内容分析的方法。

阶梯法依据方法—目的链理论，通过开放式的问项，通过一连串循序渐进的步骤，一步一步地找出消费者认为重要的产品属性，并了解什么属性会产生什么结果，以及如何与消费者内在追求的价值产生关键。访谈过程中不断以"为什么这个对你很重要"的问项，让受访者不断提供更为抽象的意义，直到受访者再没有办法回答出具有意义的答案为止。一连串的直接询问，决定属性、结果与价值三者的联结范围，进而了解消费者如何将产品属性转化为对其有意义的联结。阶梯法是一种抽丝剥茧的访谈方式，目的是引发消费者本身批判地思考产品的属性对个人行为动机的关联，进而将消费结果与内在价值系统联结起来，有助于消费者厘清产品本身对自己内心价值的作用。所以，阶梯法是用定性研究联结产品属性、使用结果与决策过程的个人价值的关系（Gutman，1991）。为探索消费者购买大规模定制家具时所考虑的属性需要何种结果，以及与其价值相联结，本书在软式阶梯访谈法收集资料的基础上，采用方法—目的链理论来了解消费者的价值。大规模定制家具的属性、结果与价值三者之间的联结关系如图 4-3 所示。

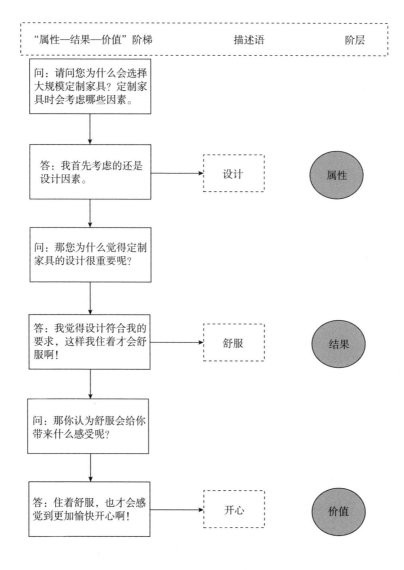

图 4-3　阶梯法示意图

资料来源：笔者自行整理。

第二节 研究设计

一、访谈对象及方式

开展定性研究时，资料本身的适宜性和丰富程度比样本数量多少更为重要（Denzin and Lincoln，1998）。Reynolds 等（2001）认为，阶梯法要针对某一群体进行阶梯式访谈时至少需要 20 位以上样本数。Gutman（1982）和 Zeithaml（1988）的研究样本数均以 30 位以上为基准。本书以苏州地区已装修过房子且有购买定制家具经历的受访者为对象，不限定其购买过何种家具品牌，于 2018 年 4 月 1 日至 6 月 1 日，共 2 个月时间，采用便利抽样方式先后对 40 位受访者进行一对一访谈，让受访者处于放松且不受压力的情景下，通过沟通、引导及访问的方式，了解受访者在购买大规模定制家具时所考虑的属性，通过诱导方式探求这些属性可能产生的结果或利益，进而再由这些结果或利益推演其在受访者个人内心产生的价值，也就是探究消费者对大规模定制家具的产品属性、使用结果或利益与个人价值三者之间的先后顺序。

Oliveira 等（2006）认为，为了避免访谈受访者考虑太多因素而仓促回答以致影响访谈内容最真实的价值，访谈前必须要向受访者说明访谈的意图，以及资料保密性并告知大概需要的访谈时间，且访谈中以不打断受访者谈话为基本原则。本书在访谈前先与访谈者说明本书的研究动机与目的，告知受访者访谈内容仅供学术研究使用，且访谈内容不会涉及个人隐私，访谈时主动引导受访者回答问题，每次访谈时间 40~60 分钟。期间，访谈者会以中性立场做简单记录，全程以手机录音访谈内容，然后再将访谈记录做成逐字稿。每次访谈结束后，访谈人员会赠送每位受访者一盒价值 28.9 元人民币的桂格品牌水果燕麦以表感谢。

主要访谈步骤流程和内容如图 4-4 所示。

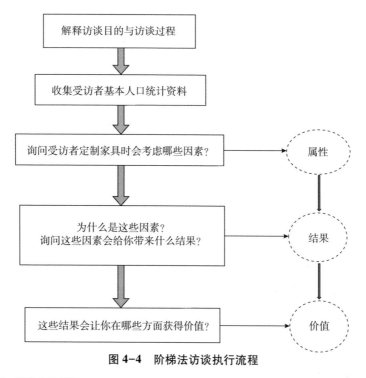

图 4-4　阶梯法访谈执行流程

资料来源：笔者自行整理。

二、内容分析法

内容分析法（Content Analysis）是一种客观且系统地量化与描述传播内容的研究方法（Berelson，1952），是一种整理访谈资料、分析文本内容的技术，这里的文本内容既包括文字，也包括图片、符号、想法或其他可以沟通的信息。Ker-linger（1964）认为，内容分析法是一种分析方法，也是一种观察方法。内容分析法是一种对所研究的文本内容进行科学的定性分析的研究方法，是一种广泛应用的方法（Sullivan，2001）。内容分析法是阶梯法最初的分析方法，为方法—目的链理论提供了分析工具（Reynolds and Gutman，1988），其目的是简化访谈内容，通过对文本内容的分析，从访谈内容中精炼和萃取重要的关键字句，将复杂且烦琐的访谈内容做出客观且系统的分类，并将重要的信息内容加以量化（Kassarjian，1977），也可以说，内容分析法是定性与量化并重的研究方法。内容分析法专注于要素之间的关联而非要素本身的意义，利用量化的方式整理定性资料的推理过程，目标是实现研究目的本身的意义，其主要工作重点在于获得语干、分类与编码。

王石番（1989）认为，由于分析过程受到编码员的技术、洞察力、经验、类目与编码规则的清晰性以及研究资料的繁简难易所影响，因此，在进行内容编码前，三位元编码员必须达成共识。资料收集后，首先，依据文本对属性、结果与价值的定义，由三位元编码者分别独立进行，获取语干与分类规定后进行资料的编码分析；其次，针对各个阶层的要素，依据其特性命名并给予代码；最后，由三位元编码者进行协商讨论、达成共识后完成内容分析。

内容分析法的关键点包括访谈资料整理、资料提炼、分类与分析等。本书内容分析工作共分为三个步骤执行：

步骤一，标记要素：邀请三位元编码员对方法—目的链理论、阶梯法和内容分析法具有相当认知的市场营销领域研究者，各自分别针对访谈的逐字稿，依据前述操作性定义找出与研究主体相关的语句做出标记。同时要将与研究主体相关的语句进行精简，精简过程中遵循 MECE 原则（Mutually Exclusive, Collectively Exhaustive），即"互不包含，共同穷尽"。

步骤二，要素编码：依据所标记语句的关键词的特性予以命名并进行编码，分别编入属性、结果和价值三个阶层之中。用 A 表示属性类、C 代表结果类、V 代表价值类，并对每个要素用数字进行编码，然后以此构建出大规模定制家具顾客价值矩阵（意涵矩阵，又称关系矩阵表）关联汇总表，并据此绘制价值阶层图（Hierarchical Value Map，HVM）。

步骤三，信度检定：以 Kappa 指标计算编码员之间的相互同意度作为衡量指标（Budd et al.，1967），为检测编码员对各个要素在层级归属是否具有一致性，本书以相互衡量信度进行信度检测，计算两两编码员互相的同意度，以此为基础求出整体信度。Kassarjian（1977）认为，信度超过 0.85 以上即一般可以接受的水平。编码员互相同意度与信度计算公式与步骤如下：

互相同意度 = $2 \times M / (N_1 + N_2)$

平均互相同意度 = $[2 \times M / (N_1 + N_2) + 2 \times M / (N_2 + N_3) + 2 \times M / (N_1 + N_3)] / 3$

信度=(N×平均互相同意度)/〔1+(N-1)×平均互相同意度〕

其中，M=两两完全同意的数目；N=编码人员总数；N$_1$=第一位编码人员的同意数目；N$_2$=第二位编码人员的同意数目；N$_3$=第三位编码人员的同意数目。

三、意涵矩阵

意涵矩阵（Implication Matrix）又称为 A-C-V 关系矩阵表，以矩阵方式呈现各个要素的串接情形。意涵矩阵是整合所有受访者就属性、结果与价值链接关系绘制而成的关系矩阵，是绘制价值阶层图的基础（Reynolds and Gutman，1988）。意涵矩阵的行与列分别代表各属性、结果与价值，而意涵矩阵内的数字代表各要素间的链接次数，两要素之间直接相邻称为直接链接关系，而通过另一要素链接则称为间接链接关系。其中，分号（；）前的数字代表要素与要素之间的直接链接次数，而分号后的数字代表要素之间的间接链接次数。以 A（属性）-C（结果）-V（价值）之链接来说，A 与 C、C 与 V 为直接相邻，属于直接链接关系，而 A 与 V 通过 C 相链接，则属于间接链接关系。由于各个要素是以直接链接次数为主要因素的，因此间接链接次数无法在价值阶层图中呈现。依据意涵矩阵所确立的链接次数以及属性（A）、结果（C）与价值（V）阶层链接的顺序绘制价值阶层图，不同阶梯的链接呈现不同的价值阶层关系。

链接具有方向性，遵循从属性到结果或价值，从低层级至高层级。为了辨识链接关系的重要性，避免因价值阶梯过于繁杂难以收敛而致使信息不清楚或无法解释，可以依据截点值设置来剔除那些较不重要的链接关系。低截点值可能纳入过多的微弱关系使得链接现象复杂而模糊，高截点值则会忽略一些丰富或重要的信息。在各个层级要素中，消费者最重要的要素为主要焦点。意涵矩阵关系中，数字越大表明两个要素之间链接频率越高，意味着两个要素之间链接关系越强；反之，则链接关系越弱（Gutman，1991）。Gengler 和 Reynolds（1995）建议将样本数的 5%定为截取值，本书样本总数为 40，因此将截取值设为 2（40×5%），即其直接链接次数超过 2 次以上才是有效链接关系，该链接才会显示在价值阶层图中。

四、价值阶层图

价值阶层图（Hierarchical Value Map，HVM），又称阶层知觉图，借由链接意涵矩阵中的属性（A）、结果（V）和价值（C）要素而形成，并以树形图或阶层图完整地呈现出来（Reynolds and Gutman，1988）。意涵矩阵描绘了所有要素之间的关系次数，如果将所有要素间的链接关系皆绘入价值阶层图中，将会太过复杂，无法清楚地显示出真正重要的链接关系，因此，需要设定截点值，借由截点值的计算标准将直接链接关系次数低于截点值的路径结构删除，使得价值阶层图更具有代表性（Pieters et al.，1995）。

Lin 和 Chang（2012）基于方法—目的链理论探讨顾客到零售终端商店购买家具的决策认知结构，其价值阶层图链接了家具属性，经由家具属性产生结果再到高层次消费者内心追求的价值，发现顾客认知的家具属性以功能、方便快捷和价格等要素为主，顾客购买家具是为了温馨的家庭、快乐的生活和安全与可靠则是追求的最终价值。鉴于大规模定制家具也是家具生产类型的一种，且近年来逐渐被广大顾客认可并接受，因此，Lin 和 Chang（2012）的研究方法和研究结果可以作为大规模定制家具行业顾客感知价值研究的参考。

第五章　结果分析与讨论

第一节　样本结构

本章的研究对象设定为有装修房屋以及购买过大规模定制家具经历的受访者，共访谈 40 位受访者，其中女性多于男性，占 62.5%；年龄分布在 31~40 岁的受访者占 60.0%；受访者的受教育程度以大专/本科分布最多，高达 65.0%；受访者的职业状况以私营业主居多，占 30.0%，受访者人口统计资料整理如表5-1 所示。

表5-1　受访者人口统计资料

项目	类别	数量	频率（%）	注记
性别	男	15	37.5	
	女	25	62.5	*
	总和	40	100.0	
年龄	21~30 岁	8	20.0	
	31~40 岁	24	60.0	*
	40 岁以上	8	20.0	
	总和	40	100.0	

项目	类别	数量	频率（%）	注记
受教育程度	高中及以下	12	30.0	
	专科/本科	26	65.0	*
	研究生及以上	2	5.0	
	总和	40	100.0	
职业状况	销售人员	9	22.5	
	私营业主	12	30.0	*
	教师	8	20.0	
	其他	11	27.5	
	总和	40	100.0	

注：＊该类别占比最高值。

资料来源：笔者自行整理。

第二节　内容分析

编码是内容分析研究的实现过程。编码说明是关于编码类目的概念定义、操作定义以及实施过程的具体而详细的文字解释，而编码表则是编码说明的工作单。从某种程度上讲，编码表可以说是编码说明的简化本。在类目数量比较少的情况下，编码说明和编码表之间的区别主要是功能性的。编码说明和编码表在工作中总是联系在一起的，尤其是在编码过程的最初阶段，编码者要持续对照着编码说明将内容对象归属到相应的类别之中，还要赋予相对应的变量值。一般而言，编码说明应满足以下三个基本要求：一是完整性，即编码指南必须定义和解释所有的类目变量，同时还需要界定各个单元，例如编码单元、背景单元等；二是明确性，即编码指南必须是清晰而明确的，不能出现模棱两可的情况；三是操作性，即除了具体可行的操作性定义外，编码指南中应该罗列出具体的例证以便编码者顺利地完成编码，例证是最好的说明。上述三个基本要求的实现以及具体的实现程度将直接影响编码结果的信度与效度，关系到编码者之间的个体差异是否能够被消除或降低到最低程度。编码说明就像是一部机器的操作指南，看似简单，但必须关注和斟酌每一处细节，即使是看来很简单的细节，也应该达到编码者仅凭编码说明就能基本独立操作的程度，故而这是一个不断试验和修正的过程。但是，在正式的编码开始后，就不能再进行修订了。

一、编码结果

本章从 40 位受访者的逐字稿中，经由编码员的相互讨论后，将不合适的语句剔除，将归类的要素给予命名，共得出 29 项要素，具体包括设计、位置、时间、颜色、材料、价格、品牌、质量、服务、经济效益、儿童发展、舒服、美观、环保、健康、便利、实用、保障、信任、活力生活、内心和谐、家庭温馨、幸福感、安全感、快乐、智慧、自我实现、受人尊重、社会身份，如表 5-2 所示。

表 5-2　要素定义

序号	要素名称	内容概念
1	设计	考虑整体装修风格，使家具与装修风格协调，符合需求，包括设计师、风格、款式、外（形）观、尺寸、功能
2	位置	就近选择门店定制，服务好的话位置远可以接受
3	时间	定制生产时间、安装时间，不影响入住
4	颜色	颜色可选性，与装修风格搭配
5	材料	材料，实木，布衣家具，材质
6	价格	定制价格
7	品牌	企业品牌，产品品牌，门店品牌
8	质量	材料好，加工精，做工细，工艺好
9	服务	保持联系，上门沟通良好，提供上门安装，售后服务及时
10	经济效益	考虑成本，性价比高，经济能承受，符合预算，质量好，不浪费
11	儿童发展	对孩子身体不能有伤害
12	舒服	舒心，赏心悦目，视角好，感觉好，看顺眼，体验感，愉悦
13	美观	好看，漂亮，有特色，比例协调，简洁大方
14	环保	无味，无毒，无污染，无甲醛

序号	要素名称	内容概念
15	健康	健康，身体好
16	便利	就近选择，方便
17	实用	搭配，耐用，耐脏，结实，功能多，用途广，时间久，结构合理，尺寸合理，空间利用，不占地方
18	保障	有保障
19	信任	值得信赖，信任
20	活力生活	生活有动力
21	内心和谐	享受，实惠，生活质量，审美追求，满意
22	家庭温馨	有家的温馨感，具有家的归属感
23	幸福感	觉得幸福，家庭幸福，幸福
24	安全感	放心，安全，踏实
25	快乐	心情好，开心，高兴，心情愉悦
26	智慧	觉得聪明、理性消费
27	自我实现	有成就感，自我实现
28	受人尊重	被尊重
29	社会身份	符合社会主流

资料来源：笔者自行整理。

二、信度分析

信度是一个指定团体的成员在阅读、诠释、反应或使用既有文本或数据的一致性的程度。信度测量旨在保证科学性资料在观察、测量和分析过程中免受无关因素的干扰。研究者需要以测量信度来表示其数据的可信任程度。信度往往受到编码员的技术、洞察力、经验、类目和编码规则的清晰度以及研究资料的繁简难易等综合影响。鉴于研究资料特征通常无法由研究者控制，所有提升信度的方法通常依靠改进编码员水平以及类目的质量。研究者通过在不同情况下重复研究的过程来获取信度数据。信度有稳定性、可复制性、准确性三种类型，通过获取信度数据的方法区分。原则上，内容分析必须是可复制的。信度分析可以通过几次测试得知测试结果是否稳定且一致，主要是为了考察量表的稳定性以及使用量表时的可靠性。当量表符合信度要求时，才能确保统计结果是有价值的。

本章研究邀请三位熟悉 MEC 理论和消费者行为理论的研究专家（A、B、C），根据上述操作性定义将受访者访谈内容意思相近的语句加以归类，将 29 项要素编码归入属性、结果与价值三个层次中。其中，属性（A）共有 9 项，具体包括设计、位置、时间、颜色、材料、价格、品牌、质量、服务；结果（C）共有 10 项，具体包括经济效益、儿童发展、舒服、美观、环保、健康、便利、实用、保障、信任；价值（V）共有 10 项，具体包括活力生活、内心和谐、家庭温馨、幸福感、安全感、快乐、智慧、自我实现、受人尊重、社会身份（见表 5-3）。

表 5-3　要素编码

要素		属性			结果			价值		
		A	B	C	A	B	C	A	B	C
属性	A1 设计	O	X	O						
	A2 位置	O	O	O						
	A3 时间	O	O	O						
	A4 颜色	O	O	O						
	A5 材料	O	O	O						
	A6 价格	O	O	O						
	A7 品牌	O	O	O						
	A8 质量	O	O	O						
	A9 服务	O	O	O						
结果	C1 经济效益				O	O	O			
	C2 儿童发展				O	O	O			
	C3 舒服				O	X	O			
	C4 美观				O	O	O			
	C5 环保				O	O	O			
	C6 健康				O	O	X			
	C7 便利				O	O	O			
	C8 实用				O	O	O			
	C9 保障				O	O	O			
	C10 信任				O	O	O			

续表

要素		属性			结果			价值		
		A	B	C	A	B	C	A	B	C
价值	V1 活力生活							O	O	O
	V2 内心和谐							O	O	O
	V3 家庭温馨							O	O	O
	V4 幸福感							O	O	O
	V5 安全感							O	O	O
	V6 快乐							X	O	O
	V7 智慧							O	O	O
	V8 自我实现							O	O	O
	V9 受人尊重							O	O	O
	V10 社会身份							O	O	X

注：A、B、C 表示编码员代号；1、2、3、…、29 表示类目编码；O 表示编码员同意此项归类，X 表示编码员不同意此项归类。

资料来源：笔者自行整理。

表 5-3 要素编码中，以 Kappa 指标计算编码员之间相互同意度作为衡量指标（Budd et al.，1967），Kassarjian（1977）认为信度达到 0.85 以上即达满意标准，其相互同意度分别为 0.95、0.93、0.95，整体信度为 0.98，已达到文献中专家所建议的满意标准（见表 5-4）。

表 5-4　编码员之间相互同意度与信度

编码员	A：B	B：C	C：A
相互同意度	0.95	0.93	0.95
平均同意度		0.94	
整体信度		0.98	

三、价值阶层图建构

（一）定义属性、结果与价值

由内容分析结果共提取属性（A）有 9 项，其中具体属性（Concrete Attribute）有 8 项，分别包括设计、位置、时间、颜色、材料、价格、品牌、质量，抽象属性（Abstract Attribute）有 1 项，即服务；结果（C）有 10 项，其中功能性结果（Functional Consequence）有 7 项，分别包括经济效益、儿童发展、舒服、美观、健康、便利、实用，社会心理性结果（Psychosocial Consequence）有 3 项，分别包括环保、保障、信任；价值（V）有 10 项，其中工具性价值（Instrumental Value）有 5 项，分别包括活力生活、内心和谐、快乐、幸福感、社会身份，最终价值（Terminal Value）有 5 项，分别包括家庭温馨、安全感、智慧、自我实现、受人尊重。受访者认知的大规模定制家具 9 项属性中被提及最多的 4 项依次为设计（75%）、材料（60%）、价格（57%）和质量（55%）；而由属性链接到 10 项结果中被提及最多的 4 项依次为舒服（77.5%）、经济效益（67.5%）、美观（65%）和实用（62.5%）；而由 10 项结果链接到帮助性价值最多的 2 项依次为快乐（47.5%）、内心和谐（45%），最终价值则为 2 项，依次为安全（42.5%）、自我实现（27.5%）。出现频率越高，代表对消费者越为重要，如表 5-5 所示。

表 5-5 定义属性、结果与价值

属性		结果		价值	
具体属性	A1 设计（30）	功能性结果	C3 舒服（31）	工具性价值	
	A2 位置（10）		C1 经济效益（27）		
	A3 时间（4）		C4 美观（26）		V1 活力生活（3）
	A4 颜色（9）		C6 健康（15）		V2 内心和谐（20）
	A5 材料（24）		C7 便利（8）		V6 快乐（21）
	A6 价格（23）		C8 实用（25）		V4 幸福感（7）
	A7 品牌（15）		C2 儿童发展（4）		V10 社会身份（3）
	A8 质量（22）				
抽象属性	A9 服务（8）	心理性结果	C5 环保（16）	最终价值	V3 家庭温馨（4）
					V5 安全感（17）
			C9 保障（4）		V7 智慧（1）
			C10 信任（15）		V8 自我实现（11）
					V9 受人尊重（1）

注：（ ）内数字表示受访者回答频数。

资料来源：笔者自行整理。

（二）构建意涵矩阵

意涵矩阵为绘制 HVM 的前提与基础，是一种整合阶梯中链接次数的重要工具，依据阶梯访谈所产生的属性、结果及价值的链接关系，构建出链接意涵矩阵。受访者的访谈有些可产生"属性—结果—价值"的关系阶梯，但有些受访者只能产生两层级的短阶梯。矩阵内的数位代表由列的属性、结果链接到结果和价值之间直接与间接链接次数（Reynolds et al.，2001）。分号（;）前数字代表要素与要素之间的直接链接次数，分号后数字代表要素与要素之间的间接链接次数。数值高低代表链接关系的强弱。大规模定制家具行业顾客价值意涵矩阵，如表 5-6 所示。从表 5-6 中显示，40 位受访者总共产生 278 个价值阶梯，平均每位产生 6.95 个阶梯，其中以 A1-C4-V8 和 A8-C8-V5 两个阶梯链有较强链接。

（三）价值阶层图绘制

为使 HVM 能清晰呈现具有真正重要性的 A-C-V 链接关系，采用 Gengler 和 Reynolds（1995）的建议，以样本数的 5% 设定为截断值为准则，本次调研的样本数为 40，因此截取值为 2，相当同阶梯被不同受访者提及必须大于 2 次以上，即将 A-C-V 关系中直接链接次数在 2 次以上的链接关系绘制进入 HVM 中。依据属性、结果和价值三类要素之间链接次数的多少，使用不同粗细箭头线条呈现，线条越粗则代表关系越强，通常小于 5 次链接为较弱关系，5~9 次为中等关系，10 次以上链接为强大关系（Fotopoulos et al.，2003），如图 5-1 所示。从 HVM 整体分析可以看出，内心和谐和快乐是大规模定制家具消费者企图获取的工具性价值，而安全感、家庭幸福和自我实现则是其需要实现的终极价值。从链接关系强度来看，由属性链接至结果的次数分别以"设计"链接至"美观"（16；0）、"材料"链接至"环保"（15；0）、"品牌"链接至"信任"（14；0）达到强大关系。从链接路径来看，由属性"品牌"得到"信任"的结果，进而得到"安全感"的终极价值；由属性"颜色"和"设计"得到"美观"的结果，进而获得"内心和谐"的工具性价值；由属性"材料"得到"环保"的结果，进而产生"安全感"的终极价值；由属性"价格"和"质量"得到"经济效益"的结果，进而得到"内心和谐"和"快乐"的工具性价值，以及"自我实现"的终极价值；由属性"设计"和"质量"链接至"舒服"的结果，进而产生"内心

表 5-6 大规模定制家具顾客感知价值矩阵

类目	C1	C2	C3	C4	C5	C6	C7	C8	C9	C10	V1	V2	V3	V4	V5	V6	V7	V8	V9	V10	合计
A1			7;12	16;0				7;0				1;10	0;3	0;1		1;3		3;1			35;30
A2							7;0								1;0	0;2					8;2
A3	1;0				1;0	0;1															3;1
A4			5;1					1;0				0;3				1;1					7;5
A5	1;1	0;3	0;2		15;0	3;5		7;0						0;2	1;8			0;2		0;1	27;24
A6	22;0															0;3	0;4				22;7
A7										14;0					0;3						14;3
A8	5;0	2;0	3;0			2;1		8;0				1;3		0;1	3;2	1;4		0;1			28;14
A9	1;0							1;0	3;0					0;1	3;0						10;1
C1												3;0				3;1	2;0	4;0			12;1
C2													3;0								3;0
C3												10;0	0;2	1;4	2;0	8;0		2;0			24;4
C4		4;0	15;0			12;0			5;0	17;0	0;1			0;1	0;1	2;5					21;12
C5	1;0		5;0	1;0							0;1				6;2	0;4		0;4		1;0	29;11
C6	1;0		1;0											2;0	6;0	0;4		1;1			10;1
C7																2;0					2;0
C8	2;0		5;0	1;0								3;0	0;1		2;0			2;0			16;1
C9															1;0			2;0	1;0		4;0
C10															3;0						3;0
合计	33;1	6;3	36;14	22;2	17;0	17;7	7;0	24;0	5;0	17;0	0;1	21;18	3;6	3;11	31;16	18;23	2;4	14;10	1;0	1;1	278;117

注：n＝40。分号前为直接链接次数，分号后为间接链接次数。

资料来源：笔者自行整理。

和谐"和"快乐"的工具性价值,以及"家庭幸福"的终极价值。

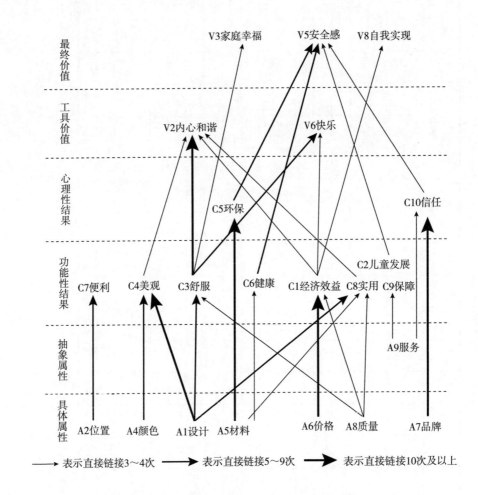

图 5-1　大规模定制家具顾客感知价值形成路径

资料来源:笔者自行整理。

四、价值阶层图分析

由图 5-1 大规模定制顾客价值的 HVM 阶层图分析,大规模定制顾客价值形成主要链接路径有五条,分别经由设计、材料、价格、质量、颜色和品牌属性而来,就其属性—结果—价值链分别作以下具体分析说明。

（一）设计

美观、舒服和实用是大规模定制家具消费者在决定采用定制家具时认为重要的结果，此结果可以由大规模定制家具的设计（该属性为链接次数最高）属性而来。大规模定制家具消费者将借助美观、舒服和实用三个结果来实现其在定制家具过程中的内心和谐的工具价值，借助舒服实现快乐的工具性价值，以及实现家庭幸福的终极价值，这些是大规模定制家具消费者认为重要的价值所在，其链接路径如图 5-2 所示。

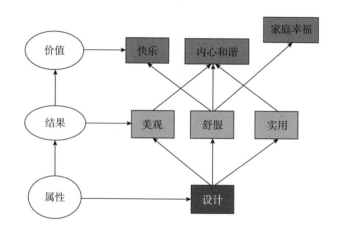

图 5-2　设计的链接路径

资料来源：笔者自行整理。

大规模定制家具受访者认为购买大规模定制家具时必须考虑设计的属性。例如：设计要有特色，我住着才会舒服，心情才会好啊；设计师要知道我真正需要什么，能够听懂我的需求，设计出我希望得到的效果；设计要符合我的审美要求，找到我喜欢的家具风格，符合房子的整体风格，否则的话，我天天都能看见它，这样会影响我的心情。从设计出发，大规模定制家具消费者经由美观、舒服和实用来到达内心和谐，经由舒服达到快乐，以及实现家庭幸福。

（二）材料

环保与健康是大规模定制家具消费者在决定采用定制家具时认为重要的结

果，此结果可以由大规模定制家具的材料属性而来。大规模定制家具消费者借助环保和健康两项结果来达到其在家具定制过程中的安全感，这个是大规模定制消费者认为重要的终极价值。其价值链接路径如图 5-3 所示。

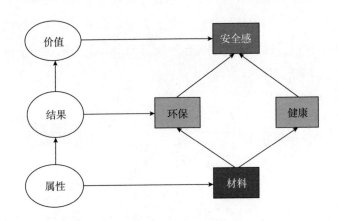

图 5-3　材料的链接路径

资料来源：笔者自行整理。

大规模定制家具受访者认为购买大规模定制家具时必须考虑材料的属性。例如：因为家具的材料对环境影响很大，所以要尽量选用环保材料；首先考虑的还是材料因素，家具的材料对家人的身体是否健康；材料要环保，甲醛不能超标，要无污染，毕竟是生活的地方，不做好室内环境，对身体健康损害太大了。从材料考虑，大规模定制家具消费者经由环保和健康两个结果，从而实现安全感的终极价值。

（三）价格

经济效益是大规模定制家具行业消费者在决定采用定制家具时认为重要的结果，此结果可以由大规模定制家具的价格属性而来。大规模定制家具消费者借助经济效益的结果来实现定制家具过程中的内心和谐和快乐的工具性价值，以及达到自我实现的终极价值，这些是大规模定制家具行业消费者认为重要的价值所在。其价值链接路径如图 5-4 所示。

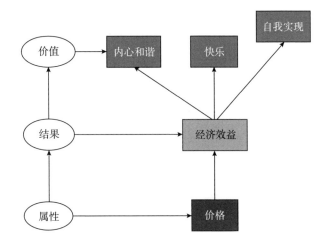

图 5-4 价格的链接路径

资料来源：笔者自行整理。

大规模定制家具行业受访者认为购买大规模定制家具时必须考虑价格的属性。例如：在定制家具时我会考虑价格，自己的购买能力会影响我要买什么类型和品质的家具；买到价格合适又符合我要求的东西会比较开心；我不会花大价钱来购买啊，因为经济条件的限制，第一关注的永远是价格，我很想买一套家具，但是它已经超过我的承受购买力，即使我想买，也买不起啊；我希望用我理想的价格买到我喜欢的东西；如果我花较少的钱就能买到我想要的东西，我肯定开心啊。从价格考虑，大规模定制家具行业消费者经由经济效益的结果，达到内心和谐和快乐的工具性价值，以及达到自我实现的终极价值。

（四）质量

实用与舒服是大规模定制家具行业消费者在决定购买大规模定制家具时认为重要的结果，此结果可以由大规模定制家具的质量属性而来。大规模定制家具行业消费者借助实用和舒服的结果来实现定制家具过程中的内心和谐和快乐的工具性价值，以及达到家庭幸福的终极价值，这些是大规模定制家具行业消费者认为重要的价值所在。其价值链接路径如图 5-5 所示。

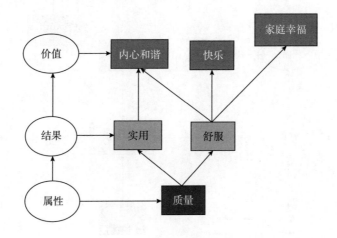

图 5-5　质量的链接路径

资料来源：笔者自行整理。

大规模定制家具行业受访者认为购买大规模定制家具时必须考虑质量的属性。例如：我自己认为如果经济条件允许，那就会选择高质量的家具，用着就放心，住着也舒心；健康是我比较看重的因素，而产品质量也间接地决定了人的健康；质量很重要，家具的使用周期比较久，也不会轻易更换；质量决定一切；质量好，无瑕疵，看着也舒服啊。从质量出发，大规模定制家具行业消费者经由实用和舒服的结果，达到内心和谐和快乐的工具性价值，以及达到家庭幸福的终极价值。

（五）颜色

美观是大规模定制家具行业消费者在决定采用定制家具时认为重要的结果，此结果可以由大规模定制家具的颜色属性而来。大规模定制家具消费者借助美观的结果来实现定制家具过程中的内心和谐的工具性价值，这是大规模定制家具行业消费者认为重要的价值所在。其价值链接路径如图 5-6 所示。

大规模定制家具行业受访者认为购买大规模定制家具时必须考虑颜色的属性。例如：颜色是不是自己喜欢的，能不能搭配房间整体的颜色和设计风格很重要；我比较喜欢暖色调，这样的话我心情会比较愉快，如果每天回到家，看到我喜欢的暖色调，就会给我带来一种身心愉悦的感觉；颜色的搭配很重要，色彩对

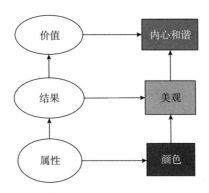

图 5-6 颜色的链接路径

资料来源：笔者自行整理。

一个房间的整体协调感起到很关键的作用。从颜色出发，大规模定制家具行业消费者经由美观的结果，达到内心和谐的工具性价值。

（六）品牌

信任是大规模定制家具行业消费者在决定采用定制家具时认为重要的结果，此结果可以由大规模定制家具的品牌属性而来。大规模定制家具行业消费者借助信任的结果来实现定制家具过程中的安全感的终极价值，这是大规模定制家具消费者认为重要的价值所在。其价值链接路径如图 5-7 所示。

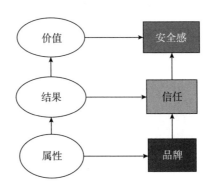

图 5-7 品牌的链接路径

资料来源：笔者自行整理。

信任是大规模定制家具行业消费者在决定采用定制家具时认为重要的结果，此结果可以由大规模定制家具的品牌属性而来。例如：品牌也很重要，我去建材市场首先看的肯定是牌子，如果不是大品牌的话，肯定不会考虑的；好口碑的品牌质量也是有保障的，让人比较信任，觉得踏实；我认为品牌是我定制家具时的一个重要因素，品牌产品一般在质量上靠得住，售后有保证。从品牌出发，大规模定制家具消费者经由信任的结果，从而达到安全感的终极价值。

综上所述，经由属性认知延伸的结果与价值的链接关系中可以得知，受访者认为大规模定制家具行业顾客感知价值形成过程中应该具备的重要属性有设计、材料、价格、质量、颜色、品牌六项。这些属性（设计、材料、颜色和品牌）与 Lin 和 Chang（2012）研究消费者对家具认知结构中的设计与风格、价格、材料、颜色和品牌五项较为接近。另外，Lihra 等（2012）研究还发现顾客对定制家具有价格偏好。可见以上这些属性是影响大规模定制家具行业消费者购买决策的关键因素。

消费者购买大规模定制家具所获得的重要结果有美观、舒服、健康、经济效益、实用、保障、环保和信任，所获得的重要结果中以美观、舒服、环保和信任最受消费者所重视。消费者购买大规模定制家具所追求的价值包括：工具性价值有内心和谐、快乐，终极价值有安全感、家庭幸福和自我实现，其中家庭幸福、快乐和安全感与 Lin 和 Chang（2012）研究消费者对家具认知结构中的价值要求不谋而合。

第三节　结论探讨

本书基于方法—目的链理论，结合一对一阶梯深度访谈技术和内容分析法探讨消费者购买动机和消费行为，并分析产品属性、使用结果和个人价值之间的链接关系，以便较好地理解消费者如何通过产品选择来促进个人价值的实现（Gutman，1982）。目前，没有发现任何采用定性研究方法探讨大规模定制顾客价值的议题。本书借由方法—目的链理论的研究结论能够为产品、品牌和市场细分以及市场定位决策提供策略性参考方案（Reynolds et al.，2001）。而基于方法—目的链结论所绘制的价值阶层图能够作为一种策略地图以确定与策略制定相关的关键因素和因果路径。

　　基于对受访者访谈内容的分析结果，本书围绕大规模定制家具行业顾客感知价值构建了六个层次阶梯，即具体属性、抽象属性、功能结果、社会心理结果、工具性价值和终极价值。通过这些阶梯，本章发现大规模定制家具行业顾客感知价值形成的五个关键属性，即设计、材料、价格、质量和品牌；消费者最为关注的五个结果为美观、舒服、经济效益、实用和信任；消费者最希望实现的个人价值是内心和谐、快乐和安全。个人价值会影响消费者产品的选择，而高度抽象的结果也应该被视为消费者所追求的目标。根据结果的抽象程度，本章发现环保已深深地植入大规模定制家具消费者的认知中，同时，基于对品牌的信任也是消费者在选择定制家具时的重要考量。本章发现大规模定制家具设计属性受到受访者高度重视，这体现了大规模定制家具的特点和优势，也是与成品家具主要区别的地方之一。另外，本章还得出环保与信任两个结果与 Lin 和 Chang（2012）研究终端零售成品家具所得结论一致。

　　因此，大规模定制家具厂商可以通过做好家具产品的设计、材料、价格、质量和品牌等方面，努力为消费者提供美观、舒服、实用、信任与经济效益的定制家具产品，从而实现定制家具消费者的内心和谐、快乐以及安全的价值诉求，并以此来吸引更多定制家具消费者的兴趣。

第六章　研究结论与管理启示

第一节　研究结论

本书基于方法—目的链理论，利用阶梯法对受访者进行开放式的一对一深度访谈，并结合内容分析法构建 A-C-V 意涵矩阵，探讨消费者在购买大规模定制家具过程中所考虑的产品属性、消费结果及个人价值三层级之间链接关系，通过绘制顾客价值阶层图进而了解消费者心中大规模定制家具的价值内涵。

研究结果发现，消费者在选择大规模定制家具时会考虑的属性有 9 项，经由 10 项使用结果，得到 10 项价值需求。依据方法—目的链理论，消费者为了达到多元的"目的"（结果与价值）而使用多元的"方法"（属性），表明消费者购买大规模定制家具时具有追求多元价值的购买动机。

一、消费者选择大规模定制家具的影响因素及其特征

大规模定制家具属性是以设计、材料、价格、质量和品牌为消费者最主要考虑的因素。

一是设计。消费者强调设计在整个家具定制过程中的重要性，因此厂商所提供的定制家具产品风格要符合消费者审美要求，以及与消费者家庭整体装修风格

相协调,而在此过程中设计师的角色尤为重要,设计师要具备与顾客沟通的能力,能够洞察消费者内心的想法以了解消费者真正的需求。

二是材料。材料与家具产品质量关系紧密,材料在定制家具过程中受到消费者高度重视,因为材料本身会影响产品加工工艺和装修风格。另外,随着消费者环保理念和健康观念的提升,大规模定制家具产品材料至关重要,要符合环境要求,不能对家人健康造成任何危害。

三是价格。价格在消费者做出最终方案选择时起到根本的作用,因为每个消费者在决定房屋装修时基本上做了经济成本预算,而在装修过程中每项预算都难以有较大调整幅度,即便在产品非常有吸引力的状况下也是如此。

四是质量。质量影响消费者购买定制家具产品的使用效果,直接决定消费者选择大规模定制家具产品时的购买决策。

五是品牌。品牌对于消费者在选择大规模定制家具来说是一种信用保障,因此在价格允许的范围内,消费者会首选具有品牌影响力的大规模定制家具厂商。

二、消费者选择大规模定制家具的消费结果与价值实现

第一,大规模定制家具属性引导出的消费结果以美观、舒适、实用、环保和信任为最主要。定制家具与成品家具的最大区别在于定制家具可以根据消费者的实际需求做个性化处理。美观是消费者认为购买大规模定制家具产品的重要结果,无论家具产品本身的美观还是家具与整个房屋装修协调一致的美观,对于消费者来说同样重要。舒适来自符合消费者需求的设计和有保障的质量,是消费者对定制家具在使用过程中的重要感觉,并将影响着消费者未来对家具产品整个使用过程。定制家具无论是空间结构、用途功能还是使用周期,对消费者来说要能够体现实用性,让消费者认为自己所定制的家具物超所值,是自己真正想要的东西。环保是消费者购买大规模定制家具重要的结果,甚至起到决定性作用,尤其是随着消费者环保意识的增强,因为对于消费者来说,一个没有环保安全保障的家具产品对她/他没有任何意义。信任由大规模定制家具的品牌属性而产生,品牌产品一般在质量上靠得住,且售后有保障,而大规模定制家具消费者经由信任的结果,从而达到安全感的终极价值。

第二，大规模定制家具属性引导出的消费结果到最终产生的价值内涵以内心和谐和安全感为最多数。房屋装修是消费者一生乃至整个家庭中非常重要的一件事情，而且家具定制和房屋装修需要一个较长的时间，是消费者不断投入时间精力和财务、物力的过程，这期间一旦某个环节或部分出现差错，对整个装修进度和效果，以及消费者心理都会产生较大负面影响。另外，房屋是一个人长期居住的场所，居住舒心、放心居住也是每个消费者内心最根本的价值诉求。因此，家具定制安装整个过程和未来居住阶段对消费者来说都需要实现内心和谐，从而在心理上获得安全感的满足。

第二节　管理启示

方法—目的链理论强调产品属性会引起消费者的利益感知，进而影响个体的最终结果价值，借此让消费者向其向往的美好人生远景更进一步——而这个所谓的美好人生远景会具体地通过顾客价值的方式呈现出来。在方法—目的链理论中，与消费行为相关的顾客价值会受到顾客本身以及消费情境两个因素的影响。为顾客创造价值是企业的出发点和落脚点，企业为顾客创造价值的同时也给自身带来价值。在市场竞争中，除去已经成规模的大型定制加工企业，大部分家具企业定制生产技术差距不大，家具品牌林立，产品同质化严重，行业竞争激烈。家具市场的消费者又以"80后"、"90后"为主，顾客偏好变化快，自我意识强烈。因此，企业需要近距离接触市场，多了解变化的市场信息和顾客反应，分析顾客的潜在需求和消费心理。本书围绕顾客的消费经验，以其在消费时所思考的产品属性、消费结果与个人价值做为链接，探讨属性、结果与价值三个层级之间的关系，以及不同属性的顾客价值形成路径。企业如何在大规模定制家具行业中通过行销管理活动来实现经营目标，确定自己在市场中的位置及优势，不断提高产品的市场占有率，实现自身的经营目标也是有待研究的问题。本书对大规模定制家具厂商在行销管理上有多方面的意涵，兹分别阐述如下：

一、全面理解顾客价值

大规模定制家具整个购买决策过程强调消费体验，厂商提供有形或无形的产品属性来满足顾客的需求，同时重视顾客从消费体验中所获得的结果，而对于顾客想要追求的终极目标却无法深入地了解，若是仅强调属性层级上与竞争厂商之间的不同（Sinha and DeSarbo，1998），很可能无法拓展更宽阔的视野，从而失去在结果和目标层级上与竞争厂商形成差异化竞争的机会。为了保证企业始终能够动态追踪顾客价值的变化轨迹，创造、提供顾客真正需要的价值，需要建立有效的顾客价值传递模式，寻求企业与顾客的最佳结合点。而寻求企业与顾客的最佳结合点包括两个任务：一是在一定利润水平上，企业创造、提供、传递独特价值的机会，对企业本身的价值创造系统以及顾客关系持续进行再评价和再设计，以保持其灵活和反应；二是鼓励顾客积极地参与和互动。根据目标市场和目标顾客群体，对从产品模块、材质、功能五金等多个方面对大规模定制家具产品进行不断地优化升级，满足目标市场和目标顾客群体的多样化需求。

本书基于方法—目的链理论从产品属性、使用结果和个人价值三个层面认识顾客感知价值形成的过程，使得大规模定制家具厂商能够全面理解顾客感知价值构成的要素，借此重塑以顾客价值为导向的组织文化、组织架构和管理能力，从而为顾客提供真正的价值，并获得顾客的认可，以提高企业的竞争能力和经营绩效。

（一）顾客需求

在实际经济生活中，企业为了实现自己的营销目标（不管这个营销目标是企业、顾客双赢的，还是企业、顾客、社会三方共赢的），更有积极性去挖掘顾客的真实想法和真正需求，在力求满足顾客需求的同时，实现企业自己的利润目标，以保证企业的持续发展。但是，在买方市场条件下，顾客更愿意用货币选票来表达自己的意愿：对能够满足自己需求的产品或服务，顾客会乐意购买消费，并传播关于企业、产品和服务的良好信息，有利于塑造企业的良好形象；而对损害顾客利益或者可能使顾客产生不愉快购物经验的企业，顾客就会"用脚投票"，不会去花费时间和精力进行投诉，而是直接选择放弃购买，去寻找更好的产品或服务，多数时候还会将自己不愉快的购物经历向亲戚朋友诉说，从而在更大范围内阻止更多的顾客去购买这个企业的产品或服务。由此可见，要想实现企业的价值创造和顾客的价值诉求的最佳结合点，企业不仅要积极了解顾客需求和价值追求目标，还要采取各种措施，鼓励顾客对企业产品或服务进行评价，迅速处理顾客抱怨，使企业与顾客的沟通始终处于畅通无阻状态。顾客、企业和其他利益相关者都是资源整合者，价值通过资源整合者之间的互动产生。大规模定制家具的产生，就是满足顾客对个性化家具的需求，大规模家具定制离不开顾客的充分参与，顾客是主动的价值共创者，而非被动的价值接受者。大规模定制家具企业应牢固遵循服务主导逻辑，顺应顾客的独特需求，充分发挥大规模定制满足顾客个性化诉求的优势。

满足顾客的需求是企业产品存在的根本原因，能够从顾客角度分析产品缺陷和改良方向，就能尽可能地满足顾客的不同需求。因此，大规模定制家具企业要学会辩证客观地判断行业发展现状，进行准确的市场细分，抓住自己的目标客户，要在动态市场环境中敏锐地洞察市场变化，杜绝故步自封，用变化的思维处理变化的市场环境，及时掌握市场信息。大规模家具定制企业应高度重视顾客的目标追求导向，顺应他们的目标需求，制定差异化的价值感知引导策略，从而更有效地实现降低顾客价格敏感性、提高关系可持续性的目的。定制企业应该事先邀请顾客填写目标导向的调查问卷，了解顾客是追求实用型还是追求设计感型。根据顾客的需求类型，有针对性地为顾客提供定制服务。首先，企业要明确顾客需要什么样的价值，并在一定的资源能力约束条件和一定的利润水平下为顾客创造有竞争优势的顾客价值。其次，企业根据顾客需求进行价值创造有两方面的含义：一是在已经存在的顾客价值追求基础上增加新的附加价值，使顾客得到更多的附加利益，增加企业在动态顾客价值中的参与环节，从而增加总的顾客价值；二是进行完全的价值创造为顾客创造并提供全新的价值体验和价值感知，这往往指的是高新技术产业的技术领先企业，这些企业可以凭借技术优势和快速的市场反应能力，不断进行价值创造；三是在价值创造、传递环节中，企业成功的前提是寻找合适的目标顾客，关键是与目标顾客进行充分的沟通互动，才能有效地传递顾客价值。寻找合适的目标顾客，就是按照获取成本和顾客回报的对比分析，来决定顾客的取舍。对获取成本低、顾客回报高的顾客进行重点投资和管理，以保证企业的利润水平；对获取成本高、顾客回报低的顾客则要有选择的放弃。企业创造和提供的顾客价值要能够解决顾客面临的问题。此外，企业提供的解决方案的数量要有一定的限制，备选方案过多会使顾客不知所措。

（二）顾客参与

顾客参与是指在服务或者产品传递过程中顾客所有与消费相关的行为，其定义包括三个要点：一是顾客参与是服务或产品提供过程中各种行为的总和；二是顾客参与大多具有一定的合作性质；三是顾客参与强调的是顾客与商家的互动过程中的顾客一方的主动或者被动行为。

在大规模定制服务流程开始之前，大规模定制家具企业应该采取相应措施，如折扣、优惠券、产品或服务赠送等，激励顾客主动自行寻求与家具定制、与其目的地相关的咨询和信息，积极向家具设计师反馈意见，并承担更多定制相关的任务使顾客在家具的设计过程中发挥更大的作用。作为大规模定制企业，一方面，需要在定制前和定制过程中持续向顾客输送与大规模家具定制相关的知识和信息，让顾客增加了解，因为了解是发现问题、提出建议的前提，也是参与的前提；另一方面，需要系统性地对定制流程进行完善和优化，增加顾客参与的环节，顾客参与的内容既包括角色内行为，即必须顾客完成的，也包括角色外行为，即非顾客必须完成，但企业应通过激励措施鼓励顾客参与。总而言之，大规模家具定制企业应该改变思路，充分调动顾客参与到定制过程中的积极性，使顾客在定制过程中贡献出更多精力。

大规模定制家具企业在大规模定制服务流程中，要想提升顾客的感知过程性价值，需要重点促进顾客与家具设计师及负责家具生产过程的员工之间的交往，尤其是与定制、与家具本身有关的沟通和互动。企业既需要提高设计师和负责家具生产过程的员工这方面的意识，也需要对员工进行这方面技能的培训。具体而言，企业可以定期举行培训会，向员工普及在服务定制过程中与顾客进行社交相关互动的重要性，同时通过情景模拟训练等方式，培训员工与顾客进行社交相关互动的技能，核心是在与顾客互动的过程中，要学会引导顾客主动分享他们感兴趣的、与定制和家具有关的事情，从而促进对顾客的了解。企业鼓励顾客参与的能力是其竞争力的重要来源,因此,提高顾客主动参与定制的积极性和能动性,引导顾客实施角色外行为,才能从根本上解决传统家具生产满意度较低的问题,提升企业自身的市场竞争力。

此外,大规模定制家具企业在大规模定制服务流程中还要注重提升顾客协同定制能力。随着现代市场竞争的加剧,企业间的竞争将会逐渐倾向基于客户需求的竞争。大规模定制生产模式结合了定制生产和大规模生产两种方式的优势,在满足顾客个性化需求的同时,降低了企业的生产成本,成为 21 世纪的主流生产模式。在大规模定制环境下,家具企业难以准确把握顾客的个性化需求,从而使其制造属性难以优化,在定制产品开发过程中引入顾客协同机制是解决该问题的有效途径。在基于顾客协同机制的大规模定制环境下,顾客参与定制产品的设计过程,不同于传统的将产品特征、设计团队和设计环境作为主要影响因素的设计过程,客户成为定制产品设计的重要影响主体之一。因此,大规模定制家具企业在家具生产过程中需要将顾客与供应商、生产企业、运输商、分销商、合作伙伴等集成一体,以顾客的订单为核心和导向,动态实现彼此间的信息共享、生产同步、商务协作。

(三)企业文化

在数字经济迅猛发展的现实背景下,企业数字化转型已成为大势所趋。已有研究表明,数字化转型对企业绩效、创新表现、绿色发展、市场价值等方面具有积极影响。因此,为更好地满足顾客对大规模定制家具的需求、提升顾客协同定制的能力,大规模定制家具企业应实施数字化管理。数字化的实施既需要大量信息技术与业务、运营人才。还需要熟悉企业业务与技术两者兼备的人才。只有技术化人才与对业务熟悉的人才紧密合作,大规模定制家具企业才能成功实施数字化。

大规模定制家具企业实施数字化管理关键是在企业文化层面做出转变。企业文化是企业在长远生存发展过程中不断积累形成的,是由企业家或管理者总结提炼而确立的,是推进企业攻坚破难、稳定发展的基石,体现了企业独特的管理思想,反映了企业的发展愿景和发展目标,对企业的长远发展至关重要。企业文化是企业的核心竞争力,而企业的核心竞争力是一个企业发育、发展、壮大的内生动力。

每个企业都有不同的文化，在精神层面、物质层面、行为层面、制度层面都有不同的体现，这种长期形成的、不断发展的企业文化很难直接嫁接到其他企业上加以运用。经过长久的凝练、不断的更替和完善，在长期的实践中不断探索，才能形成优秀的企业文化，这种优秀的企业文化很难被其他企业模仿。因此，大规模定制家具企业进行企业文化建设，对于大规模定制家具企业提升外部形象和实施数字化管理具有重大意义。

大规模定制家具企业的企业文化建设，有助于增强企业各部门之间的交流互动，实现信息共享。大规模定制家具营销过程中的很多工作需要多个部门协同完成，各部门之间共享客户、产品及业务信息，实现企业内部之间的协同，并将外协件单位、五金供应商等拉入其中，增强与各合作单位的协同，通过信息流，提高定制产品的准确性与高效性。大规模定制家具企业的企业文化建设还有助于企业形象的塑造，获得外部支持的强有力保障。良好的企业形象对提高大规模定制家具企业的知名度和客户黏性都具有特别突出的意义。通过加强和提升企业文化建设，能够塑造积极良好的企业形象，向社会、消费者、合作企业展示独特的优势，促使顾客更加全面深刻地认识企业。

因此，大规模定制家具企业要进行有力的企业文化宣传。一方面，要提升企业营销人员的专业性，对现有市场营销人员进行培训，提高销售人员的自身修养与素质，培养销售人员良好的沟通能力和敢于迎难而上的精神。在此基础上，引导大规模定制家具企业的销售人员精通并利用销售技巧强化客户对企业及其产品的忠诚度，使顾客认可商品的作用与价值，促进成交。另一方面，大规模定制家具企业需要积极储备和培养适合数字化战略要求的复合性、创新型人才。企业要积极让员工参与到大规模定制家具企业的数字化管理当中，充分发挥企业文化保障作用。此外，大规模定制家具企业还要跟踪管理定制产品，对产品的生产过程进行实时跟踪，随时为客户解决问题，以良好的售后服务获得新订单；并根据对客户信息的采集，了解客户的偏好，有针对性地进行大规模定制家具产品的营销活动和销售分析，通过提高顾客对大规模定制家具产品的满意度和忠诚度，决策大规模定制家具企业的发展方向。

二、系统思考品牌建设

随着消费者对家具选择的要求越来越高，为了满足消费者的需求，大规模定制家具应运而生并迅速成为行业的热门版块，以及行业新的增长点。各类头部资本及上下游企业的加入，推动着大规模定制家具行业进入渠道、品类、产能扩张时期。因此，大规模定制家具企业需要系统地思考品牌建设，依据 MEC 理论找到契合市场发展现状且具有一定差异化的品牌定位，利用数字信息技术平台以完善大规模定制家具品牌建设，不断拓宽品牌宣传的渠道，从而扩大大规模定制家具品牌影响力，在家具企业竞争者中脱颖而出。

（一）依据 MEC 理论做好品牌定位，树立好品牌形象

MEC 理论认为，属性会引起个体的利益感知，进而影响个体的最终结果价值。顾客对大规模定制家具过程中产品属性的不同方面会有不同的消费感知，进而影响大规模定制家具消费者的最终满意度。依据 MEC 属性、结果和价值三个不同层面的内容，在产品品牌建设过程中会形成一个与之相对应的品牌金字塔。其中，金字塔最底层为实物形态，即属性层；中间层为产品功能层，即结果层；最上层为心理感知层，即价值层。有效的产品品牌定位首先要满足消费者对产品属性的要求，并以此满足消费者对产品使用结果的追求，从而实现消费者对产品品牌价值的诉求。基于本书的结论，大规模定制家具厂商需要从三个层思考产品品牌定位与形象。

一是属性层面。从属性层面来看，大规模定制家具顾客价值的属性有 9 项，其中具体属性有 8 项，分别包括设计、位置、时间、颜色、材料、价格、品牌、质量，抽象属性有 1 项，即服务；本书受访者认知的大规模定制家具 9 项属性中被提及最多的 4 项依次为设计（75%）、材料（60%）、价格（57%）和质量（55%）。因此，大规模定制厂商在塑造产品品牌时，应该突出大规模定制家具的设计、材料、价格和质量，以吸引消费者的注意和兴趣。因为在相当多的情况下，消费者个体并不愿意仔细处理关于决策环境和决策对象的所有信息（Simon，1955），而是仅对给定的信息进行感知、加工和理解。在设计方面，厂商要提升设计的内涵和水平，通过设计来强化消费者对大规模定制家具价值的认知与理

解；在材料方面，厂商要把好家具原料供应各个环节，严格执行大规模定制家具的材质分级认证，让消费者对材质有充分的了解和认知，以消除其后顾之忧；在价格方面，厂商需要凸显定制的价值，就大规模定制家具制定合理的价格标准，为消费者提供其认知中性价比较高的家具产品和服务；在质量方面，厂商要为消费者提供材料环保、加工精致、做工精细和工艺精美的大规模定制家具产品。

二是结果层面。从结果层面来看，借由产品属性作为手段而实现的结果有 10 项，其中功能性结果有 7 项，分别包括经济效益、儿童发展、舒服、美观、健康、便利、实用；社会心理性结果有 3 项，分别包括环保、保障、信任；而由属性链接到 10 项结果中被提及最多的 4 项依次是舒服（77.5%）、经济效益（67.5%）、美观（65.0%）和实用（62.5%）。因此，大规模定制家具厂商在塑造产品品牌时，不仅要强调家具产品的设计、材料、价格和质量，还要强调大规模定制家具产品带给消费者的舒服、经济效益、美观和实用的实际使用体验。

三是价值层面。从价值层面来看，经由产品属性与使用结果而实现的价值有 10 项，其中工具性价值有 5 项，分别包括活力生活、内心和谐、快乐、幸福感、社会身份；终极价值有 5 项，分别包括家庭温馨、安全感、智慧、自我实现、受人尊重。而由 10 项结果链接到助益性价值最多的 2 项依次为快乐（47.5%）、内心和谐（45.0%），最终价值则为 2 项，依次为安全（42.5%）、自我实现（27.5%）。因此，针对大规模定制家具在满足了消费者产品属性和使用结果的因素后，大规模定制家具厂商应该在品牌的价值层面突出消费者通过大规模定制家具可以达到快乐、内心和谐、安全和自我实现的心理体验。

综上所述，大规模定制家具厂商不仅要理解产品品牌金字塔三个层面内各要素之间以及三个层面之间的联系，更重要的是通过产品品牌金字塔创造一条传递产品品牌差异化的渠道，从而使清晰的产品品牌形象深入消费者的内心世界，以至于大规模定制家具厂商在激烈竞争的市场环境中通过为顾客创造价值而获得发展优势。

（二）要利用数字信息技术平台，完善大规模定制家具品牌建设

2022 年 1 月 12 日，国务院印发的《"十四五"数字经济发展规划》中指出，我国数字经济转向深化应用、规范发展、普惠共享的新阶段，要纵深推进工业数

字化转型，加快推动研发设计、生产制造、经营管理、市场服务等全生命周期数字化转型，立足不同产业特点和差异化需求，推动传统产业全方位、全链条数字化转型，提高全要素生产率。数字信息智能技术平台对大规模定制家具品牌建设至关重要，要利用好数字化在制造业推广普及的发展机遇，积极探索数字经济和大规模定制家具产业的融合发展。数字技术应贯穿大规模定制家具生产和销售的各个环节，让其在健全大规模定制家具品牌建设体系中发挥积极作用。

在生产方面，大规模定制家具企业应利用数字信息技术改造传统家具生产模式，借助数字平台把控家具定制，不断健全大规模定制家具标准化生产体系，确保大规模定制家具生产质量，提升大规模定制家具品质。定制行业目前系统众多，涉及客户管理、订单管理、设计软件、生产、仓储、物流、采购、财务等多系统，因而打通信息系统是重中之重。企业通常在不同的时期根据业务需要建设不同的系统，甚至各部门会根据自身的需求建设需要的信息化系统，不同时期建设的系统可能采用完全不同的技术架构和数据架构，各子公司、分部门和各系统的数据不能互通，形成数据孤岛、业务孤岛，每个系统各自为政，无法形成数字共享和数据协同，影响企业协作和工作效率的提升。因此，打破信息孤岛，实现多系统协同运作至关重要。在不改变原有系统功能的基础上加强信息数据的互联互通是突出要解决的问题，也是数字化建设道路上必须规划的一个问题。

目前我国定制家具行业打通信息系统主要以下几个方面得到实践：一是打通销售设计生产环节的信息，借助云设计软件更高效设计，客户参与、更快报价，推动销售转化；二是打通 ERP 与 MES 生产系统，推动实现排产、计划与生产的无缝对接，降低库存率。MES 系统主要应用于生产制造过程中，也就是在产品生产环节中，通过给每个产品一个独立的条码来进行管理，能清楚地记录每个工序的情况。ERP 系统则主要用在公司资源整合上，为后续的生产服务提供生产材料的管理。打通信息系统可以降低不同信息之间因系统不兼容而产生的数据互联问题，而数据互联互通可以有效减少人员在不同系统之间切换操作，提升协作效率。

在经营方面，大规模定制家具企业应借助数字信息技术对大规模定制家具品牌进行科学管理和推广，基于年龄、性别、地域、职业、消费水平等条件，先对目标市场进行细分，然后再针对不同目标市场的客户群体，突出产品或服务的专有属性，提供给目标顾客一些满足他们特定需求的产品或者服务。既能在一定程度上满足目标顾客对某种商品或服务的个性化要求，还能提高顾客满意度。不仅加强了品牌和目标顾客间的联系，也凭借这些符合顾客需求的产品获得肯定。例如，可以开发数字化经营管理平台，为提高大规模定制家具品牌影响力赋能，实时了解消费者满意度，掌握反馈信息。同时，要监控同一区域大规模定制家具品牌发展的状况，及时根据市场变化调整策略，从而更好地完善品牌建设体系。对品牌发展状况的监控与评估，对于大规模定制家具企业品牌的建设方向和发展策略是至关重要的，只有这样才能明确品牌的建设方向和发展策略对大规模定制家具企业的盈利与发展是否有明显效用，从而判断品牌的建设方向和发展策略是否正确。如果是不全面的甚至是错误的，则需要重新复盘思考，找出原因并进行改进，这样才能形成一个正确而强势的大规模定制家具品牌，使大规模定制家具企业在激烈的市场竞争中脱颖而出。

（三）要拓宽品牌宣传渠道，扩大大规模定制家具品牌影响力

大规模定制家具企业可以在宣传方面，进行多元化的品牌建设，扩大品牌影响力。广告是最重要的传播方式。顾客对品牌的认知大多是通过广告实现的，优秀的广告可以左右顾客的购买决策，广告是增加品牌的知名度、信任度和忠诚度，树立品牌形象的有力手段。一方面，可以制作一批符合大规模定制家具品牌目前品牌定位的广告物料，如宣传展板，宣传小册子等。在宣传物料中既要体现出消费者重视的四大要素，也要表现出大规模定制家具品牌与传统家具品牌差异化较大的方面，全方位突显出大规模定制家具品牌的优势及独特性。从广告费用和传播效果方面考虑，大规模定制家具企业可以在电视、电梯、公交站牌、地铁站内、道路广告牌等地投放大规模定制家具宣传广告。公关传播也是一种颇具实效的途径，作为传播途径中较为高效且具有针对性的一种手段，它利用第三方进行验证，为品牌带来有利的资讯，以此对消费者进行引导。此外，促销可以作为辅助传播方式。大规模定制家具企业既可以通过向商场寄送赠券和赠品、抽奖和其他形式进行宣传，也可以采取定制具有企业品牌、企业文化的商业礼品及纪念

品的方式，馈赠重要顾客，在推广企业产品的同时传播良好的企业形象。大规模定制家具企业还可以使用套餐优惠的方式向消费者推广其产品，既吸引了消费者购买，又提高了客单价。随着消费群体的年轻化以及消费习惯的改变，线上消费已成为主流，这就要求大规模家具企业一定要有一个覆盖广且客流量大的网络销售渠道。网络销售在渠道建设与维护过程中也担负着品牌形象保持，售后跟踪服务等职能。这需要企业建立并持续优化一套科学且高效的管理制度，并将其有效应用于日常经营。针对传统大规模家具企业销售渠道单一，潜在客户流失等问题，可以开辟网络营销渠道，实现线上线下营销。互联网信息经济的发展改变了许多消费者的消费行为，网络营销得到了快速增长。例如：可以借助京东、天猫、抖音等网络平台，建立旗舰店，开展网络营销的合作。同时，可以通过微信、微博等多种渠道创建自己的终端平台，加强与消费者的紧密联系。在自媒体盛行的当下，大规模定制家具企业可以借助抖音等短视频平台的流量，对有大规模定制家具产品消费需求的顾客进行精准投放，抖音推广可以利用套餐产品，以低价作为突破口，获取一部分预算低或者预算有限的准客户的流量，再分配给设计师邀约展厅面谈，展示套餐产品，促成订单。

三、实施绿色营销策略

绿色营销是一种能够辨识、预期及符合消费的社会需求，并且可以带来利润及永续经营的管理过程（Peattie and Crane，2005）。消费者在定制家具时特别关注产品属性材料的重要性，无味、无毒、无污染以及无甲醛的材料是消费者在定制家具时优先考虑的因素。环保与健康是大规模定制家具消费者在决定采用定制家具时最重视的结果，而此结果则由大规模定制家具的材料属性而来。大规模定制家具行业消费者通过环保与健康两项结果来达到其定制家具的安全感。因此，基于本书结论，大规模定制家具厂商在应对市场竞争以及未来发展需要时，以绿色环保理念实施绿色营销策略，制定"绿色、安全、环保"的营销策略，在定制家具消费者人群中加大健康环保理念的宣传与教育，从定制家具产品的设计、研发、生产、制造、配送以及安装等环节考虑绿色环保因素，突显大规模定制家具产品环保与健康的特点，以获得市场竞争优势进而实现企业永续经营。大规模定制家具企业的绿色营销策略要从客户体验、产品设计、渠道建设、定价策略四个方面入手。

（一）绿色营销客户体验

随着市场营销观念的发展和融合，企业营销观念也在发生变化。例如，体验式营销强调的是站在消费者的角度，从顾客感官、情感等各方面的体验来对市场营销进行设计和策划，认为消费者是在理性和感性兼具的情况下进行消费的，而绿色营销强调的是营销过程中对环境和自然的保护与可持续发展。基于客户体验的绿色营销是体验式营销和绿色营销观念成长到一定到阶段并融合产生的，强调客户体验与绿色营销同时兼顾的营销观念。基于客户体验的绿色营销观念认为，随着社会的发展，消费者逐渐认识到绿色环保的重要性，并将这种意识贯彻到日常消费行为当中，因此消费者在原本的利益、价格、质量等方面基础上增加了对绿色环保的体验，也可以说是一种消费者的责任感。

（二）绿色营销产品设计

在现代化发展进程中，绿色环保已经成为社会的主旋律，也是当前制造业中较为关注的焦点。特别是在当今世界倡导可持续发展、保护环境的背景下，我国大规模定制家具企业也需要顺应时代潮流，实施绿色营销战略，营造绿色经营理念，培育绿色企业文化，研发设计绿色产品，制定家具的绿色营销组合，实现人与环境共享和谐的绿色空间，谋求企业、社会、环境三方共赢，从而增强企业的美誉度，树立家具企业绿色形象。

在定制家具制备过程中，从整体设计、原材料选择，到最终回收环节都要考虑环保问题。在设计方面，在进行产品设计时，要考虑产品是否有一定的回收价值，尽量提高资源的回收利用率。在设计家具产品时，设计师须按环境保护的标准选用合理的原材料、结构和工艺，保证家具在制造和使用过程中降低能耗、不产生毒副作用，易于拆卸和回收，回收的材料可用于再生产。设计人员在设计构思阶段就要把降低能耗、易于拆卸、再生利用和保护生态环境与保证产品的性能、质量、寿命、成本的要求列为同等的设计目标，并保证在生产过程中能够顺利实施，从根本上防止污染，节约资源和能源，预先设法防止产品及工艺对环境产生的副作用，然后再制造。在家具回收环节，可循环再利用回收的家具，既可以减少木材使用，又可以保护环境；在家具包装环节，选择安全、易分解、可回收利用的材料进行包装，整个家具生命周期才能达到绿色环保。因此，大规模定制家具企业要围绕企业绿色营销的长期发展战略，突出绿色健康、天然环保的优势。从原材料、工艺制作、包装、运输、销售、售后各个方面将绿色营销考虑进去，建设绿色家具售前、售中、售后服务体系，更好地让绿色家具走入寻常百姓家。

（三）绿色营销渠道建设

营销渠道是绿色产品从生产者转移到消费者所经过的通道。企业实施绿色营销必须建立稳定的绿色营销渠道。大规模定制家具企业需慎重选择中间商。中间商是生产者向消费者出售产品时的中间环节，是沟通生产者与消费者的桥梁，在产品分销过程中起着重要的作用。企业在选择中间商时，要启发和引导中间商的绿色意识，构建强有力的中间商销售网络，建立短渠道、宽渠道，减少渠道资源的消耗，降低渠道费用，建立与中间商互利、互惠、共赢的利益关系，逐步建立稳定的绿色营销网络。此外，大规模定制家具企业需要注重与营销渠道有关环节的工作。为了真正实施绿色营销，从绿色交通工具的选择和绿色仓库的建立，到绿色装卸、运输、贮存、管理办法的制定与实施，认真做好绿色营销渠道的一系列基础工作。

1. "经销商+直营"的合伙人模式

企业采取直营模式，方便统一化管理，减少地区之间因抢夺相同资源而造成的矛盾，但这要求企业具有完善的管理模式。经销商模式可以减少企业经营的资金和管理的压力，同时可以整合经销商在当地的资源优势，实现互利互赢。在市场整体发展降速的现实状况下，大规模定制家具企业要将经销商和直营两种模式相互整合，既要利用品牌的力量开拓更大的市场，也要借助有实力、有资源的经销商共担风险，将经销商发展成企业的合伙人，减少经销商与厂商之间的利益冲突。大规模定制家具企业在进行营销渠道的拓展过程中，要结合消费者的消费导向需求，从消费者的角度出发，满足消费者的消费体验。因为只有从消费者的角度出发进行营销策略的制定，才能真正的占领市场。

2. 依托于互联网的营销渠道建设

在"互联网+"时代，消费者的消费渠道已经不再局限于实体门店，线上浏览、线下体验的O2O模式是各行各业现在都在运用的产品体验模式，消费者足不出户就能坐等产品送货上门，如今这种消费体验也改变了家具行业。大规模定制家具企业要重视线上门店的打造，利用当前大数据时代的利好。比如，在线上浏览的过程中增强用户体验，征询用户的个人信息、房子信息等。同时，实现信息互通，为家具定制设计提供一定的基础信息，互联网背景下的营销策略要站在长远系统性的管理高度进行筹划。

（四）绿色营销定价策略

绿色价格是指附加了开发绿色产品的知识、劳务和物质投入而高于传统产品价格的价格。绿色价格对于大规模定制家具企业实施绿色营销这一过程有非常重要的意义：一是价格的绿色化是促进企业实施绿色营销的基本动力；二是价格的绿色化可以合理配置原料等资源，并大幅度提高资源的使用效率；三是价格的绿色化还能够加强企业的绿色形象建设。

对大规模定制家具产品绿色价格产生主要影响的因素是社会成本，它同产品的企业成本、产品的自身成本一起成为绿色大规模定制家具企业制定产品价格的最低限度，也是大规模定制家具企业能够进行日常经济活动的基础。决定大规模定制家具产品绿色价格高低的另外一个因素是大规模定制家具产品能够给顾客带来的商品效用，即绿色大规模定制家具产品能够从多大程度上来满足顾客的需求或者偏好。在定价方面，大规模定制家具企业不仅要综合考虑原材料成本、人工成本、机械成本，还要将绿色营销成本计算在内，绿色大规模定制家具产品的生产成本、工艺成本、包装成本等都会高于普通家具产品，这部分也要进行准确的计算。有研究表明，具有绿色消费观念的消费者，愿意花适当的、高于其他产品的价格去购买绿色产品。但大规模定制家具企业要做具体的市场调查，将市场定价水平、消费者的接受程度、企业收益三个方面综合在一起，同时适当的让利消费者，用这种定价方式确定最终销售价格。在前期的绿色品牌推广的过程中，大规模定制家具企业要保证适当的利润，从而尽快占领细分市场，提高大规模定制家具企业的市场占有率。

大规模定制家具企业要将价格做到公开透明、全国统一，让消费者形成心理保障、品牌认可，这样的企业才能取得消费者的信任。制定大规模定制家具产品的绿色价格，要综合分析大规模定制家具产品的成本、市场需求及竞争等因素，才能制定出合理的价格，以满足顾客的需求。一方面，有绿色需求的消费者一般比较认可绿色产品具备更高的价值，对绿色家具的价格敏感度相对较低，心理上能够接受相对较高的价格。另一方面，消费者总是希望能够买到更加便宜的产品，所以对绿色大规模定制家具的价格控制显得十分重要。大规模定制家具企业要注重自己的绿色家具产品在消费者心目中的形象，利用人们求新、求异、崇尚自然环保的心理，使用消费者心目中的"觉察价格"来定价，在同类产品价格的基础绿色价格机制上确定一个合理的加价率，以提高经济效益。在进行大规模定制家具产品定价的过程中，充分考虑绿色需求、绿色成本、竞争和营销目标等影响定价的因素，制定大规模定制家具产品的价格。

第七章　研究局限与未来展望

第一节　研究局限

　　研究者不能仅凭借想当然的态度，以及采取非实证性的方法探究现象。研究者需要持有科学而慎重的态度对待研究议题，用系统而严谨的方法探究答案，以实事求是的观点公开研究结果，采取公开而坦诚的方式呈现研究限制，从启发而务实的角度提供建议。为此，就本书的相关研究限制做如下说明：

　　一是抽样限制。本书虽然以判断抽样抽取 40 位有房屋装修经验，以及参与过大规模定制家具购买经验的消费者作为访谈对象，但是仍然存在抽样误差发生的可能。

　　二是分析限制。本书的研究虽然经过内容信度效度检验，但是其严谨性未来仍然需要加以确认，如通过透视焦点小组（Focus Group）或小组讨论（Panel Discussion）进行深入论证。

　　三是量化限制。本书的研究内容虽然是以阶梯访谈法获取研究资料，仅囿于定性研究，未来有待于将本书的研究结论进一步发展成量化问卷，对研究结论做进一步定量验证。

第二节　未来展望

针对未来相关的研究，本书提出以下建议：

一、量性验证

本书是以"软式阶梯"的方式取得 40 位受访者的分析资料，仅能代表部分消费者对大规模定制家具的产品属性、消费结果和个人价值三者之间关系的认知，所以对研究结论无法做量性分析验证。未来研究可以结合本书发现的结论，通过发展问卷采用"硬式阶梯"的方式取得量性的分析资料，采用系统抽样的方式，对抽样的大规模定制家具行业消费者进行调查，使样本更加完整且更具代表性，由结构方程模型对本书的研究结论进行量性分析，进一步了解大规模定制家具行业顾客感知价值的形成路径，如此将有助于对"顾客感知价值"做深入的分析验证。

二、比较研究

本书是以有房屋装修及家具定制经历的目标人群作为访谈对象来获取定性的分析资料。不同人口统计学特征的消费者、没有家具定制经历的消费者、首次或是多次定制家具经历消费者，以及不同的装修房屋目的（如自住或出租）的消费者，他们各自对大规模定制家具的产品属性、消费结果和个人价值认知结构是否存在差异有待进一步分析。由于中国各地区经济发展和社会文化差异较大，不同地区和文化背景下的消费者对大规模定制家具产品属性、消费结果和个人价值认知结构是否存在差异也亟待验证，因为这些将会对大规模定制家具行业厂商的区域市场细分、目标市场选择、目标市场定位以及营销策略制定产生重要影响。

三、网络分析

Pieters 等（1995）曾以网络分析方法进行减肥议题的探讨，证实了方法—目的链中存在网络关系；Pieters（1998）也曾使用社会网络分析，针对服务行业顾客对员工的期望做过研究，从形成方法—目的链的结果中也证实存在网络关系。显然，方法—目的链中普遍存在着网络关系，而本书未对此关系进行分析，有待后续进行深入研究。

四、缺口分析

Heinonen 和 Strandvik（2018）在厂商与顾客不同逻辑视角下对顾客价值进行比较，从厂商的价值主张、经营绩效以及顾客的价值需求和价值体验四个方面构建不同视角下的顾客价值比较框架，并通过比较分析发现了不同逻辑下顾客价值之间关系的五大缺口，如图 7-1 所示。本书的研究结论仅是从顾客视角分析大规模定制家具行业顾客感知价值形成的路径，并未从厂商视角来分析大规模定制家具厂商的价值主张，以及从厂商和顾客视角对其感知价值内涵和形成路径进行比较，未来有待进行五大缺口分析比较研究。

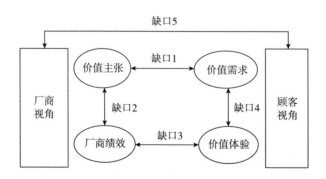

图 7-1　厂商与顾客逻辑的价值比较

资料来源：Heinonen K，Strandvik T. Reflections on customers' primary role in markets ［J］. European Management Journal，2018，36（1）：1-11.

参考文献

［1］陈李红，张岩，严新锋．网络品牌社群中顾客价值的形成与作用机理研究［J］．经济经纬，2016，33（2）：113-118.

［2］陈婉蓉．面向大规模定制的客户需求管理研究［D］．东南大学硕士学位论文，2008.

［3］陈云云．家具传统生产模式和定制生产模式研究［J］．家具与室内装饰，2017（6）：122-123.

［4］成海清，李敏强．顾客价值概念内涵、特点及评价［J］．西北农林科技大学学报（社会科学版），2007，7（2）：34-38.

［5］邓宏，王玉荣．顾客需求获取方式对顾客价值的影响［J］．技术经济，2016，35（3）：31-37.

［6］董大海．基于顾客价值构建竞争优势的理论与方法研究［D］．大连理工大学博士学位论文，2003.

［7］范钧，赵文斌．大规模定制对服务产品顾客感知价值的驱动效应分析［J］．消费经济，2008，24（2）：61-64.

［8］高木广文．探索质性研究的科学性［M］．台北：合记图书出版社，2014.

［9］顾巧论，季建华．大规模定制的顾客满意度指数模型研究［J］．软科学，2007（5）：38-41.

［10］郭伟娟，熊先青．基于2020软件的大规模定制衣柜信息交互技术

[J]. 林业工程学报，2018，3（2）：153-158.

[11] 国家统计局. 中华人民共和国 2022 年国民经济和社会发展统计公报 [R]. 2023.

[12] 胡旭初，王奇娟. 论顾客价值驱动的需求演化过程 [J]. 浙江大学学报（人文社会科学版），2006，36（2）：12-19.

[13] 黄丽芳. 基于先进制造技术的大规模定制家具开发和生产解决方案的研究 [D]. 昆明理工大学硕士学位论文，2011.

[14] 黄淑琴，陈姿君. 从方法目的链探索休闲之顾客价值内涵与阶层——以租书消费为例 [J]. 管理与系统，2007，14（4）：603-621.

[15] 惠小雨，吴智慧，沈忠民. 定制家具行业数字化设计生产一体化现状的研究与分析 [J]. 家具，2019，40（3）：7-11.

[16] 姜超. 基于手段目的链的温泉旅游产品顾客价值研究 [D]. 华南理工大学硕士学位论文，2011.

[17] 姜超. 消费升级背景下 G 公司定制家具业务营销策略研究 [D]. 南昌大学硕士学位论文，2022.

[18] 金立印，邹德强. 定制化购买情境下的消费者决策研究综述与展望 [J]. 外国经济与管理，2009，31（6）：32-38.

[19] 李薇. 大规模定制的供应链协同管理研究 [D]. 甘肃政法学院硕士学位论文，2017.

[20] 李耀，周密. 顾客自我生产方式与产品价值提升——基于情境实验的比较研究 [J]. 商业研究，2020（6）：23-31.

[21] 李长宏，郭伟. 大规模定制环境下的客户价值度量模型研究 [J]. 成组技术与生产现代化，2002，19（3）：5-8.

[22] 李长江，曾琦. 大规模定制下顾客价值的实现 [J]. 华东经济管理，2007，21（9）：117-119.

[23] 刘宝顺，左翌. 面向大规模个性化的家具定制模式设计研究 [J]. 艺术与设计（理论），2020，2（3）：91-92.

[24] 刘美欣. 制造业服务化背景下信息化对顾客价值创造的影响——一个

链式中介模型［J］. 商业经济, 2023（6）: 61-66.

［25］刘洋. 大规模定制在汽车企业中的应用研究［J］. 物流工程与管理, 2014（3）: 28-30.

［26］娄慧娜. 基于手段—目的链的顾客满意因素分析——以洗手液为例［D］. 厦门大学硕士学位论文, 2007.

［27］罗媛. 基于大规模定制营销的顾客价值研究［D］. 南京理工大学硕士学位论文, 2008.

［28］彭艳君, 蔡璐. 顾客参与产品大规模定制: 从快乐到满意［J］. 企业经济, 2016（3）: 83-87.

［29］蒲娟, 李彦. 基于需求层次模型的产品发展趋势预测方法［J］. 包装工程, 2011（4）: 36-39.

［30］齐慧芳, 李凌. "跑者"运动参与动机的质性研究［J］. 南京体育学院学报（自然科学版）, 2017, 16（1）: 144-149.

［31］祁国甯, 顾新建. 大批量定制及其模型的研究［J］. 计算机集成制造系统, 2000, 6（2）: 41-45.

［32］邱毓阡. 大量客制化对顾客价值与顾客忠诚度的影响——以品牌形象为干扰变量［D］. 大同大学硕士学位论文, 2009.

［33］盛凯东. 家具企业大规模定制实施策略研究——以 S 家具公司为例［D］. 天津大学硕士学位论文, 2015.

［34］史小玲. 北京 HW 家具制造有限公司大规模定制营销策略研究［D］. 内蒙古大学硕士学位论文, 2018.

［35］孙勤伟. 面向家具制造企业群的销售协同一体化平台研究与实现［D］. 电子科技大学硕士学位论文, 2016.

［36］托马斯·W. 李. 组织与管理研究的定性方法［M］. 吕力, 译. 北京: 北京大学出版社, 2014.

［37］万倩雯, 卫田. 定性研究可信度释疑——从历史沿革与哲学基础谈起［J］. 外国经济与管理, 2023: 1-20.

［38］汪洪波. 基于供应链的家具生产企业协同运作机理研究［D］. 中南林

业科技大学博士学位论文，2013.

[39] 汪丽颖. 乡村旅游中的游客中心感知价值层次模型研究——以临安大峡谷村为例 [J]. 旅游论坛，2018（3）：1-14.

[40] 王斐，吴清烈. 基于用户画像与协同过滤的大规模定制智能推荐算法研究 [J]. 工业工程，2021，24（5）：159-164.

[41] 王晶，程丽娟，宋庆美. 基于顾客参与的定制满意度研究 [J]. 管理学报，2008（3）：391-395.

[42] 王明东，袁平，刘艳彬. 消费者手机购买行为研究：以方法—目的链为工具 [J]. 中国管理信息化，2008（5）：83-85.

[43] 王石番. 传播内容分析法——理论与实证 [M]. 台北：幼狮文化事业公司，1989.

[44] 蔚建元. 大规模定制下家具企业绿色产品需求分析 [J]. 现代职业教育，2016（22）：93.

[45] 蔚建元. 浅析未来我国家具产业的制造模式 [J]. 江西建材，2016（24）：247-247.

[46] 温娜. 基于价值链整合的大规模定制营销研究 [D]. 长安大学硕士学位论文，2017.

[47] 吴清烈. 大规模定制的客户需求激励与优化 [M]. 北京：清华大学出版社，2015.

[48] 吴锡英. 从成组技术到大规模定制生产 [J]. 中国机械工程，2001，12（3）：319-321.

[49] 吴智慧. 工业 4.0 时代中国家居产业的新思维与新模式 [J]. 木材工业，2017，31（2）：5-9.

[50] 肖前，李秀林，汪永祥. 辩证唯物主义原理 [M]. 北京：人民出版社，1991.

[51] 熊先青，魏亚娜，吴智慧等. 大规模定制家具客户关系管理构建与应用 [J]. 林业科技开发，2015，29（3）：64-68.

[52] 熊先青，吴智慧. 大规模定制家具的发展现状及应用技术 [J]. 南京

林业大学学报（自然科学版），2013，37（4）：156-162.

[53] 熊先青，吴智慧．大规模定制家具物料管理中的信息采集与处理技 [J]．中南林业科技大学学报，2012，32（11）：200-205.

[54] 熊先青，岳心怡．中国家居智能制造技术研究与应用进展 [J]．林业工程学报，2022，7（2）：26-34.

[55] 熊艳．市场导向、营销质量驱动的顾客价值实证研究：以制造业为例 [M]．武汉：中国地质大学出版社有限责任公司，2012.

[56] 许士军．定性研究在管理研究上的重要性 [J]．中原学报，1996，24 （2）：1-3.

[57] 严秀茹，李有仁．顾客关系利益之阶层探析：方法目的链之应用 [J]．管理评论，2006，25（1）：95-119.

[58] 杨波．大规模定制产品开发中的领先使用者识别与参与行为研究 [M]．重庆：西南财经大学出版社，2012.

[59] 杨东芳．面向大规模定制家具消费者需求的获取与响应 [D]．南京林业大学硕士学位论文，2016.

[60] 杨惠．大规模定制客户需求回应决策的模型与方法研究 [D]．东南大学硕士学位论文，2013.

[61] 杨琴．大规模定制模式的经济学意义解析 [J]．内蒙古科技与经济，2004（10）：2-5.

[62] 杨文嘉．家具"大规模定制"的应用突破 [J]．林产工业，2009，36 （1）：45-47+49.

[63] 杨文嘉．迈向信息化生产方式——家具制造业正在面临的重大路径转换与抉择 [J]．家具，2009（1）：35-38.

[64] 杨文嘉，胡剑虹．家具业信息化技术的应用　第二讲：关注信息化的制造新模式 [J]．家具，2003（2）：50-55.

[65] 叶松．互联网背景下的大规模定制服务：基于"百度"的案例分析 [D]．北京大学硕士学位论文，2010.

[66] 于聪聪，叶晓勇．我国定制家具行业趋势研究 [J]．中国人造板，

2023, 30 (5)：7-10.

[67] 于洪彦，洪亮，徐俊杰．企业支持行为有利于顾客参与价值创造吗？——来自在线定制行业的实证分析 [J]．商业研究，2020 (2)：1-8.

[68] 詹定宇，彭西乡．蜜月旅行价值内涵之研究：方法目的链之应用 [J]．户外游憩研究，2010，23 (1)：1-25.

[69] 张旭．家装业定制家具设计中的问题与对策研究 [D]．中南林业科技大学硕士学位论文，2011.

[70] 张余华．面向客户需求的大规模定制策略 [M]．北京：清华大学出版社，2010.

[71] 赵伟，刘晓冰，许登峰．制造生产模式的演变与敏捷制造 [J]．工业工程，1999 (3)：13-17.

[72] 赵卫宏．在线顾客价值研究 [M]．北京：经济管理出版社，2015.

[73] 赵文斌，范钧．基于大规模定制的服装顾客价值构成探析 [J]．企业活力，2008，276 (2)：42-43.

[74] 中国报告网．2017 年我国定制家具行业的相对优势分析 [R]．2017.

[75] 中国报告网．2018 年中国定制家具行业上市公司盈利能力及存货周转率分析 [R]．2018.

[76] 中商产业研究院．2022 年中国定制家具市场规模及行业竞争格局分析 [R]．2021.

[77] 中商产业研究院．2022 年中国定制家具行业市场规模及发展前景预测分析 [R]．2022.

[78] 中投顾问产业研究中心．2023—2027 年中国定制家具行业深度调研及投资前景预测报告 [R]．2023.

[79] 周阳．基于 SAP 系统板式家具企业按订单生产功能的研究与应用 [D]．浙江农林大学硕士学位论文，2015.

[80] 朱炎军．我国院校研究领域定性研究的发展——一项基于文献的分析 [J]．化工高等教育，2023，40 (2)：150-156.

[81] Abbott L. Quality and competition：An essay in economic theory [M]．New

York: Columbia University Press, 1956.

[82] Akaka M A, Vargo S L, Lusch R F. The complexity of context: A service ecosystems approach for international marketing [J]. Journal of International Marketing, 2013, 21 (4): 1-20.

[83] Alizon F, Shooter S B, Simpson T W. Improving an existing product family based on commonality/diversity, modularity, and cost [J]. Design Studies, 2007, 28 (4):387-409.

[84] Alvarez, W., Claeys, P. and Kieffer, S. W. Emplacement of cretaceous-Tertiary boundary shocked quartz from chicxulub crater [J]. Science (New Series), 1995, 269: 930-935.

[85] Amatulli C, Guido G. Determinants of purchasing intention for fashion luxury goods in the Italian market: A laddering approach [J]. Journal of Fashion Marketing and Management, 2011, 15 (1): 123-136.

[86] Anderson D M, Pine J. Agile product development for mass customization:how to develop and deliver products for mass customization [M]. New York: McGraw-Hill Profession, 1997.

[87] Berelson B. Content analysis in communication research [M]. New York, NY, US: Free Press, 1952.

[88] Bettman J R. Memory factors in consumer choice: A review [J]. The Journal of Marketing, 1979, 43 (2): 37-53.

[89] Bitner M J, Fisk R P, Brown S W. Tracking the evolution of the services marketing literature [J]. Journal of Retailing, 1993, 69 (1): 61-103.

[90] Babin B J, Darden W R, Griffin M. Work and/or fun: Measuring hedonic and utilitarian shopping value. Journal of consumer research [J]. 1994, 20 (4): 644-656.

[91] Blackwell R D, Miniard P W, Engel J F. Consumer behavior [M]. Fort Worth: Dryden Press, 2001.

[92] Bogdan R, Lutfiyya Z M. Standing on its own: Qualitative research in spe-

cial education [J]. Controversial issues confronting special education: Divergent perspectives, 1982: 243-251.

[93] Bolton R N, Kannan P K, Bramlett M D. Implications of loyalty program membership and service experiences for customer retention and value [J]. Journal of the Academy of Marketing Science, 2000, 28 (1): 95-108.

[94] Budd R W, Thorp R K, Donohew L. Content analysis of communications [M]. New York: Macmillam, 1967.

[95] Butz Jr H E, Goodstein L D. Measuring customer value: Gaining the strategic advantage [J]. Organizational Dynamics, 1996, 24 (3): 63-77.

[96] Buzzell R D, Gale B T, Sultan R G M. Market share-a key to profitability [J]. Harvard Business Review, 1975, 53 (1): 97-106.

[97] Celsi R L, Olson J C. The role of involvement in attention and comprehension processes [J]. Journal of Consumer Research, 1988, 15 (2): 210-224.

[98] Cermak, D S P., File K M, Prince R A. Customer participation in service specification and delivery [J]. Journal of Apolied Business Research, 1994, 10 (2): 90-100.

[99] Chaudhuri A, Holbrook M B. The chain of effects from brand trust and brand affect to brand performance: The role of brand loyalty [J]. Journal of Marketing, 2001, 65 (2): 81-93.

[100] Chryssohoidis G M, Krystallis A. Organic consumers' personal values research: Testing and validating the list of values (LOV) scale and implementing a value-based segmentation task [J]. Food Quality and Preference, 2005, 16 (7): 585-599.

[101] Claeys C R. Vertical and horizontal category structures in consumer decision-making: The nature of product hierarchies and the effect of brand typicality [J]. Leuven: 1995.

[102] Claycombc, Lengnick-Hall C A. The customer as a productive reource-a pilot study and strategic implications [J]. Joural of Business Strategies, 2001, 18

(1)：46-68.

[103] Colombo R, Jiang W. A stochastic RFM model [J]. Journal of Interactive Marketing, 1999, 13 (3)：2-12.

[104] Coogan M A, Karash K H, Adler T, et al. The role of personal values, urban form, and auto availability in the analysis of walking for transportation [J]. American Journal of Health Promotion, 2007, 21 (4)：363-370.

[105] Davis S M. Future perfect [M]. Reading Mass：Addison-Wesley, 1987.

[106] Day G S. Market driven strategy：Processes for creating value [M]. New York：Free Press, 1990.

[107] Denzin N K, Lincoln Y S. Strategies of qualitative research [M]. Thousand Oaks, CA：Sage Publications, 1998.

[108] Drucker P. The practice of management [M]. London：Routledge, 2007.

[109] Drucker P. Toward the next economics and other essays [M]. New York：Harper and Row, 1981.

[110] Duray R, Ward P T, Milligan G W et al. Approaches to mass customization：Configurations and empirical validation [J]. Journal of Pperations Management, 2000, 18 (6)：605-625.

[111] Du X, Jiao J, Tseng M M. Understanding customer satisfaction in product customization [J]. The International Journal of Advanced Manufacturing Technology, 2006, 31 (3-4)：396-406.

[112] Eastwood M A. Implementing mass customization [J]. Computers in Industry, 1996, 30 (3)：171-174.

[113] Edvardsson B, Tronvoll B, Gruber T. Expanding understanding of service exchange and value co-creation：A social construction approach [J]. Journal of the Academy of Marketing Science, 2011, 39：327-339.

[114] Engel J F, Blackwell R D, Miniard P W. Consumer Behavior [M]. New York：Rinehart and Winston, 2001.

[115] Engel J F, Kollat D T, Blackwell R D. Consumer behavior [M]. Hins-

dale: Dryden Press, 1978.

［116］ Feather N T. Values in education and society ［M］. Free Press, 1975.

［117］ Ferran F De, Grunert K G. French fair trade coffee buyers' purchasing motives: An exploratory study using means-end chains analysis ［J］. Food Quality and Preference, 2007, 18 (2): 218-229.

［118］ Fishbach A, Dhar R. Dynamics of goal-based choice toward an understanding on how goals commit versus liberate choice ［M］. New York: Handbook of Consumer Psychology, 2010.

［119］ Fisk R P, Brown S W. , Bitner M J. Racking the evolution of the Services Marketing Literature ［J］. Journal of Retailing, 1993, 69 (1): 13-60

［120］ Flowerdew R, Martin D. Methods in human geography: A guide for students doing a research project ［M］. Pearson Education, 2005.

［121］ Fogliatto F S, Silveira G D. The mass customization decade: An updated review of the literature ［J］. International Journal of Pro-duction Economics, 2012, 138 (1): 14-25.

［122］ Ford J D, Connor D F, Hawke J. Complex trauma among psychiatrically impaired children: A cross-sectional, chart-review study ［J］. Journal of Clinical Psychiatry, 2009, 70 (8): 1155-1163.

［123］ Fornell C, Johnson M D, Anderson E W, et al. The american customer satisfaction index: Nature, purpose, and findings ［J］. The Journal of Marketing, 1996, 60 (4): 7-18.

［124］ Fotopoulos C, Krystallis A, Ness M. Wine produced by organic grapes in Greece: Using means—end chains analysis to reveal organic buyers' purchasing motives in comparison to the non-buyers ［J］. Food Quality and Preference, 2003, 14 (7): 549-566.

［125］ Franke N, Schreier M. Product uniqueness as a driver of customer utility in mass customization ［J］. Marketing Letters, 2008, 19 (2): 93-107.

［126］ Fredericks J O, Salter J M. What does your customer really want?

[J]. Quality Progress, 1998, 31 (1): 63-65.

[127] Gale B T. Managing customer value creating quality and service that customers can see [M]. New York: The Free Press, 1994.

[128] Gallarza M G, Gil Saura I. Value dimensions, perceived value, satisfaction and loyalty: An investigation of university students' travel behaviour [J]. Tourism Management, 2006, 27 (3): 437-452.

[129] Gengler C E, Reynolds T J. Computer software [M]. Camden: Means-End Software, 1995.

[130] Gimenez A, A Gámbaro, G Ares, et al. Preference mapping of color of Uruguayan honeys [J]. Journal of Sensory Studies, 2007, 22 (5): 507-519.

[131] Goldstein D G, Johnson E J, Sharpe W F. Choosing outcomes versus choosing products: Consumer - focused retirement investment advice [J]. Journal of Consumer Research, 2008, 35 (3): 440-456.

[132] Granot D, Maysless O. Attachment security and adjustment to school in middle childhood [J]. International Journal of Behavioral Development, 2001, 25 (6): 530-541.

[133] Grunert K G, Grunert S C. Measuring subjective meaning structures by the laddering method: Theoretical considerations and methodological problems [J]. International journal of research in marketing, 1995, 12 (3): 209-225.

[134] Grunert K G, Grunert S C. Measuring subjective meaning structures by the laddering method: Theoretical considerations and methodological problems [J]. International Journal of Research in Marketing, 1995, 12 (3): 209-225.

[135] Grunert K, Lahteenmaki L, Nielsen N A, et al. Consumer perceptions of food products involving geneticmodificationresults from a qualitative study in four nordic countries [J]. Food Qualityand Preference, 2001, 12 (8): 527-542.

[136] Grönroos C, Voima P. Critical service logic: Making sense of value creation and co - creation [J]. Journal of the Academy of Marketing Science, 2013, 41: 133-150.

［137］ Grönroos C. Strategic management and marketing in the service sector ［M］. London: Chartwell-Bratt, 1982.

［138］ Guenzi P, Troilo G. Developing marketing capabilities for customer value creation through Marketing-Sales integration ［J］. Industrial marketing management, 2006, 35 （8）: 974-988.

［139］ Guido G. The salience of marketing stimuli: An incongruity-salience hypothesis on consumer awareness ［M］. Berlin: Springer Science and Business Media, 2001.

［140］ Gummerus J. Value creation processes and value outcomes in marketing theory: Strangers or siblings? ［J］. Marketing Theory, 2013, 13 （1）: 19-46.

［141］ Gutman J, Miaoulis G. Communicating a quality position in service delivery: An application in higher education ［J］. Managing Service Quality: An International Journal, 2003, 13 （2）: 105-111.

［142］ Gutman J. Adding meaning to values by directly assessing value-benefit relationships ［J］. Journal of Business Research, 1990, 20 （2）: 153-160.

［143］ Gutman J. A means-end chain model based on consumer categorization processes ［J］. Journal of Marketing, 1982, 46 （2）: 60-72.

［144］ Gutman J. Exploring the nature of linkages between consequences and values ［J］. Journal of Business Research, 1991, 22 （2）: 143-148.

［145］ Gutman J. Means-end chains as goal hierarchies ［J］. Psychology and Marketing, 1997, 14 （6）: 545-560.

［146］ Hair J F, Bush R P, Ortinau D J. Marketing research: A practical approach for the new millennium ［M］. Irwin Professional Publishing, 2000.

［147］ Haley R I. Benefit segmentation: A decision-oriented research tool ［J］. The Journal of Marketing, 1968, 32 （3）: 30-35.

［148］ Hart C W L. Mass customization: Conceptual underpinnings, opportunities and limits ［J］. International Journal of Service Industry Management, 1995, 6 （2）: 36-45.

[149] Heinonen K, Strandvik T, Mickelsson K J, et al. A customer-dominant logic of service [J]. Journal of Service Management, 2010, 21 (4): 531-548.

[150] Heinonen K, Strandvik T, Voima P. Customer dominant value formation in service [J]. European Business Review, 2013, 25 (2): 104-123.

[151] Heinonen K, Strandvik T. Reflections on customers' primary role in markets [J]. European Management Journal, 2018, 36 (1): 1-11.

[152] Heinonen S, Silvennoinen H, Lehtinen P, et al. Earlyoseltamivir treatment of influenza in children 1-3 years of age: A randomizedcontrolled trial [J]. Clin Infect Dis, 2010, 51 (8): 887-894.

[153] Henneberg S C, O´Shaughnessy N J. Political relationship marketing: Some macro/micro thoughts [J]. Journal of Marketing Management, 2009, 25 (1-2): 5-29.

[154] Hill E, Goldenberg M, Freidt B. Motivations for hiking the appalachian trail: Using a means-end approach [J]. Journal of Unconventional Parks, Tourism and Recreation Research, 2009, 2 (1): 19-27.

[155] Hirschman E C, Holbrook M B. Hedonic consumption: Emerging concepts, methods and propositions [J]. Journal of Marketing, 1982, 46 (3): 92-101.

[156] Holbrook M B, Hirschman E C. The experiential aspects of consumption: Consumer fantasies, feelings, and fun [J]. Journal of Consumer Research, 1982, 9 (2): 132-140.

[157] Hofstede F T, Audenaert A, Steenkamp J B E M et al. An investigation into the association pattern technique as a quantitative approach to measuring means-end chains [J]. International Journal of Research in Marketing, 1998, 15 (1): 37-50.

[158] Holbrook M B. Consumer value: A framework for analysis and research [J]. Advances in Consumer Research, 1996, 23 (1): 138-142.

[159] Holbrook M B. Consumer Value: A Framework for Analysis and Research [M]. London: Routledge, 1999.

[160] Holbrook M B. Consumption experience, customer value, and subjective personal introspection: An illustrative photographic essay [J]. Journal of Business Research, 2006, 59 (6): 714-725.

[161] Holbrook M B. Introduction to consumer value [M]. London: Routledge, 1999: 1-28.

[162] Holbrook M B. The Nature of Customer's Value: An axiology of service in consumption experience [J]. Service Quality: New Directions in Theory and Practice, Sage, Thousand Oaks, 1994: 21-71.

[163] Howard J A. Consumer behavior: Application of theory [M]. McGraw-Hill Companies, 1977.

[164] Huber F, Herrmann A, Morgan R E. Gaining competitive advantage through customer value oriented management [J]. Journal of Consumer Marketing, 2001, 18 (1): 41-53.

[165] Jackson T W. Customer value exchange [J]. Journal of Financial Service Marketing, 2007, 1 (11): 314-332.

[166] Jackson T W. Customer value exchange [J]. Journal of Financial Service Marketing, 2007.

[167] Jiao J, Ma Q, Tseng M M. Towards high value-added products and services: Mass customization and beyond [J]. Technovation, 2003, 23 (10): 809-821.

[168] Joseph C J, Michae L B, Tomas H G. Assessing the effects of quality, value, and customer satisfaction on consumer behavioral intentions in service environments [J]. Journal of Retailing, 2000, 76 (2): 193-218.

[169] Jung Y, Kang H. User goals in social virtual worlds: A means-end chain approach [J]. Computers in Human Behavior, 2010, 26 (2): 218-225.

[170] Kahle L R, Beatty S E, Homer P. lternative measurement approaches to consumer values: The list of values (LOV) and values and life style (VALS) [J]. Journal of Consumer Research, 1986, 13 (3): 405-409.

[171] Kahle L R, Kennedy P. Using the list of values (LOV) to understand consumers [J]. Journal of Services Marketing, 1988, 2 (4): 49-56.

[172] Kahle L R, Weeks W A, Chonko L B. Performance congruence and value congruence impact on sales force annual sales [J]. Journal of the Academy of Marketing Science, 1989, 17: 345-351.

[173] Kahle L R. Dialectical tensions in the theory of social values [M]. New York: Praeger, 1983: 275-283.

[174] Kano N. Attractive quality and must-be quality [J]. Journal of the Japanese Society for Quality Control, 1984, 14 (2): 147-156.

[175] Kassarjian H H. Content analysis in consumer research [J]. Journal of Consumer Research, 1977, 4 (1): 8-18.

[176] Kaufman J J. Value management: Creating competitive advantage [M]. Calif: Crisp Publications, 1998.

[177] Keller K L. Conceptualizing, measuring, and managing customer-based brand equity [J]. The Journal of Marketing, 1993, 57 (1): 1-22.

[178] Kerlinger F N. Foundations of behavioral research [M]. New York: Holt, Rinehart and Winston, 1964.

[179] Khalifa A S. Customer value: A review of recent literature and an integrative configuration [J]. Management Decision, 2004, 42 (5): 645-666.

[180] Kim E, Lee H. New approaches to relaxed quadratic stability condition of fuzzy control systems [J]. IEEE Transactions on Fuzzy Systems, 2000, 8 (5): 523-534.

[181] Kim W C, Mauborgne R. The strategic logic of high growth [J]. Harvard Business Review on Strategies for Growth, 1997: 172-180.

[182] Kingman-Brundage J, George W R, Bowen D E. "Service logic": Achieving service system integration [J]. International Journal of Service Industry Management, 1995, 6 (4): 20-39.

[183] Klenosky D B, Gengler C E, Mulvey M S. Understanding the factors influ-

encing ski destination choice: A means-end analytic approach [J]. Journal of Leisure Research, 1993, 25 (4): 362-379.

[184] Klenosky D B. The "pull" of tourism destinations: A means-end investigation [J]. Journal of Travel Research, 2002, 40 (4): 396-403.

[185] Kollat D T, Blackwell R D, Engel J F. Consumer behavior. Hinsdale, 111 [J]. 1978.

[186] Kotler P J. From mass marking to mass customization [J]. Strategy and Leadership, 1989, 17 (5): 10-47.

[187] Kotler P J. Marketing management: Analysis, planning, implementation, and control [M]. NJ: Prentice-Hall, 1997.

[188] Kotler P J. Marketing Management [M]. Englewood Cliffs, NJ: Prentice-Hall, 1991.

[189] Kotler P J. Marketing Management [M]. NJ: Prentice Hall, 1994.

[190] Krystallis A, Chryssohoidis G. Consumers' willingness to pay for organic food: Factors that affect it and variation per organic product type [J]. British Food Journal, 2005, 107 (5): 320-343.

[191] Kumar A, Chakravarty A, Grewal R. Customer orientation structure for internet-based business-to-business platform firms [J]. Journal of Marketing, 2014, 78 (5): 1-23.

[192] Kurniawan S H, So R H, Tseng M M. Consumer decision quality in mass customisation [J]. International Journal of Mass Customisation, 2006, 1 (2): 176-194.

[193] Kyle G, Graefe A, Manning R, et al. Predictors of behavioral loyalty among hikers along the appalachian trail [J]. Leisure Sciences, 2004, 26 (1): 99-118.

[194] Lampel J, Mintzberg H. Customizing customization [J]. MIT Sloan Management Review, 1996.

[195] Lauterborn B. New marketing litany: Four p's passé: c-words take over

[J]. Advertising Age, 1990, 61 (41).

[196] Lee Y A. Insight for writing a qualitative research paper [J]. Family and consumer sciences research journal, 2014, 43 (1): 94-97.

[197] Le N H, Thuy P N. Impact of service personal values on service value and customer loyalty: A cross-service industry study [J]. Service Business, 2012, 6 (2): 137-155.

[198] Le Page A, Cox D N, Russell C G, et al. Assessing the predictive value of means-end-chain theory: An application to meat product choice by Australian middle-aged women [J]. Appetite, 2005, 44 (2): 151-162.

[199] Levitt T. Growth and profits through planned marketing innovation [J]. The Journal of Marketing, 1960, 24 (4): 1-8.

[200] Lihra T, Buehlmann U, Beauregard R. Mass customisation of wood furniture as a competitive strategy [J]. International Journal of Mass Customisation, 2008, 2 (3-4): 200-215.

[201] Lihra T, Buehlmann U, Graf R. Customer preferences for customized household furniture [J]. Journal of Forest Economics, 2012, 18 (2): 94-112.

[202] Lin S H. Density matrix treatments of ultrafast radiationless transitions [J]. Thin Films and Nanostruc tures, 2007, 34: 121-182.

[203] Lind L W. Consumer involvement and perceived differentiation of different kinds of pork-a means-end chain analysis [J]. Food Quality and Preference, 2007, 18 (4): 690-700.

[204] Lin H H, Chang J. A construction of consumer cognitive structures and their implications in furniture shopping decisions: A means-end chain approach [J]. Service Business, 2012, 6 (2): 197-218.

[205] Manyiwa S, Crawford I. Determining linkages between consumer choices in a social context and the consumer's values: A means-end approach [J]. Journal of Consumer Behaviour: An International Research Review, 2002, 2 (1): 54-70.

[206] Maslow A H. Personality and motivation [M]. England: Longman, 1987.

[207] McCarthy E J, Perreault Jr W D. Basic marketing: A managerial approach [M]. McGraw-Hill Publ Comp, 1960.

[208] McDonald R E, Wagner T, Minor M S. Cheers! a means-end chain analysis of college students bar – choice motivations [J]. Annals of Leisure Research, 2008, 11 (3-4): 386-403.

[209] Merle A, Chandon J, Roux E. Understanding the perceived value of mass customization: The distinction between product value and experiential value of co-design [J]. Recherche et Applications en Marketing (English Edition), 2008, 23 (3): 27-50.

[210] Mitchell A. The nine american lifestyles: Who we are and where we are going [M]. New York: Macmillan, 1983.

[211] Moeller S, Ciuchita R, Mahr D, et al. Uncovering collaborative value creation patterns and establishing corresponding customer roles [J]. Journal of Service Research, 2013, 16 (4): 471-487.

[212] Monroe K B. Pricing: Making profitable decisions [M]. McGraw – Hill, 1990.

[213] Moser K. Mass customization strategies: Development of a competence – based framework for identifying different mass customization strategies [M]. Lulu Enterprises, 2007.

[214] Myers R M, Mastrianni J A, Iannicola C, et al. Mutation of the prion protein gene at codon 208 in familial Creutzfeldt-Jakob disease [J]. Neurology, 1996, 47 (5): 1305-1312.

[215] Nicosia F M. Consumer decision process eaglewood cliff [M]. NJ: Prentice-Hall, 1966.

[216] Norton J A, Reynolds T J. The application of means-end theory in industrial marketing [M]. NJ: Psychology Press, 2001.

[217] O' Connor Jr R A, Davidson J P. A strategic, client centered marketing approach for professional service firms [J] . Journal of Professional Services Market-

ing, 1985, 1 (1-2): 21-33.

[218] Olson J C, Reynolds, T J. Understanding consumers' cognitive structures: Implications for advertising strategy [J]. Advertising and Consumer Psychology, 1983, 21 (3): 302-312.

[219] Oliveira T M, Ikeda A A, Campomar M C. Laddering in the practice of marketing research: Barriers and solutions [J]. Qualitative Market Research, 2006, 9 (3): 297-306.

[220] Olson J C, Reynolds T J. The means-end approach to understanding consumer decision making [M]. NJ: Lawrence Erlbaum, 2001.

[221] Parasuraman A, Grewal D. The impact of technology on the quality-value-loyalty chain: A research agenda [J]. Journal of the Academy of Marketing Science, 2000, 28 (1): 168-174.

[222] Park C. Efficient or enjoyable? consumer values of eating-out and fast food restaurant consumption in korea [J]. International Journal of Hospitality Management, 2004, 23 (1): 87-94.

[223] Payne A, Holt S. Diagnosing customer value: Integrating the value process and relationship marketing [J]. British Journal of Management, 2001, 12 (2): 159-182.

[224] Payne J W, Bettman J R, Johnson E J. Behavioral decision research: A constructive processing perspective [J]. Annual Review of Psychology, 1992, 43 (1): 87-131.

[225] Peattie K, Crane A. Green marketing: Legend, myth, farce or prophesy? [J]. Qualitative Market Research: An International Journal, 2005, 8 (4): 357-370.

[226] Peter J P, Olson J C. Consumer behavior and marketing strategy [M]. Boston: Irwin McGraw-Hill, 1999.

[227] Peters L, Saidin H. IT and the mass customization of services: The challenge ofimplementation [J]. International Journal of Information Management, 2000

(20): 103-119.

[228] Petkus Jr E. A theoretical and practical framework for service-learning in marketing: Kolb's experiential learning cycle [J]. Journal of Marketing Education, 2000, 22 (1): 64-70.

[229] Pieters R, Baumgartnerb H, Allenb D. A means-end chain approach to consumer goal structures [J]. International Journal of Research in Marketing, 1995, 12 (3): 227-244.

[230] Pieters R, Bottschen G, Thelen E. Customer desire expectations about service employees: An analysis of hierarchical relations [J]. Psychology and Marketing, 1998, 15 (8): 755-773.

[231] Pike S. Destination marketing [M]. London: Routledge, 2012.

[232] Piller F T, Moeslein K, Stotko C M. Does mass customization pay? An economic approach to evaluate customer integration [J]. Production Planning & Control, 2004, 15 (4): 435-436.

[233] Piller F T, Tseng M M. New directions for mass customization [J]. The Customer Centric Enterprise, 2003.

[234] Pine B J, Gilmore, J. H. Welcome to the experience economy [J]. Harvard Business Review, 1998 (76): 97-105.

[235] Pine B J. Making mass customization happen: Strategies for the new competitive realities [J]. Planning Review, 1993, 21 (5): 23-24.

[236] Pitts R E, Wong J K, Whalen D J. Consumers' evaluative structures in two ethical situations: A means-end approach [J]. Journal of Business Research, 1991, 22 (2): 119-130.

[237] Parasuraman A. Reflections on gaining competitive advantage through customer value [J]. Journal of the Academy of Marketing Science, 1997 (25): 154-161.

[238] Porter M E. Technology and competitive advantage [J]. Journal of Business Strategy, 1985, 5 (3): 60-78.

[239] Ravald A, Gronroos C. The value concept and relationship marketing

[J]. European Journal of Marketing, 1996 (30): 19-30.

[240] Reynolds T J, Gutman J. Laddering theory, method, analysis, and interpretation [J]. Journal of Advertising Research, 1988, 28 (1): 11-31.

[241] Reynolds T J, Olson J C. Understanding consumer decision making: The means-end approach to marketing and advertising strategy [M]. New York: Psychology Press, 2001.

[242] Reynolds T J, Rochon J P, Westberg S J A means-end chain approach to motivating the sales force: The mary kay strategy [M]. New York: Psychology Press, 2001.

[243] Richardson A. Using customer journey maps to improve customer experience [J]. Harvard Business Review, 2010, 15 (1): 2-5.

[244] Richardson P S, Dick A S, Jain A K. Extrinsic and intrinsic cue effects on perceptions of store brand quality [J]. The Journal of Marketing, 1994, 58 (4): 28-36.

[245] Richins M L. Special possessions and the expression of material values [J]. Journal of Consumer Research, 1994, 21 (3): 522-533.

[246] Richins M L. Valuing things: The public and private meanings of possessions [J]. Journal of Consumer Research, 2004, 21 (3): 504-521.

[247] Riesman D, Glazer N, Denny R. The lonely crowd [M]. New Haven: Yale University Press, 1950.

[248] Rokeach M. Beliefs, Attitudes, and Values: A theory of organization and change [J]. Revue Fran? Aise De Sociologie, 1968, 11 (3): 202-205.

[249] Rokeach M. The nature of human values [M]. New York: Free Press, 1973.

[250] Rosenbaum M S, Otalora M L, Ramírez G C. How to create a realistic customer journey map [J]. Business horizons, 2017, 60 (1): 143-150.

[251] Rosenberg M J. Cognitive structure and attitudinal affect [J]. Journal of Abnormal Psychology, 1956, 53 (3): 367-372.

[252] Ruyter K D, Bloemer J, Peeters P. Merging service quality and service satisfaction: An empirical test of an integrative model [J]. Journal of Economic Psychology, 1997, 18 (4): 387-406.

[253] Santosa M, Guinard J X. Means-end chains analysis of extra virgin olive oil purchase and consumption behavior [J]. Food Quality and Preference, 2011, 22 (3): 304-316.

[254] Schwartz S H. Are there universal aspects in the structure and contents of human values? [J]. Journal of Social Issues, 1994, 50 (4): 19-45.

[255] Sheth J N. A theory of family buying decisions [J]. Models of Buyer Behavior, 1974: 17-33.

[256] Simon H A. A behavioral model of rational choice [J]. The Quarterly Journal of Economics, 1955, 69 (1): 99-118.

[257] Sinha I, DeSarbo W S. An integrated approach toward the spatial modeling of perceived customer value [J]. Journal of Marketing Research, 1998, 35 (2): 236-249.

[258] Simonson I. Determinants of customers' responses to customized ofers: Conceptual framework and research propositions [J]. Journal of Marketing, 2005, 69 (1): 32-45.

[259] Snehota I, Hakansson H. Developing relationships in business networks [M]. London: Routledge, 1995.

[260] Stanton J L, Linneman R E. Making niche marketing work: How to grow bigger by acting smaller [M]. New York: McGraw-Hill Companies, 1991.

[261] Stanton W J, Etzel M J, Walker B J. Fundamentals of Marketing [M]. McGraw-Hill, 1993.

[262] Strauss A, Corbin J M. Basics of qualitative research: Grounded theory procedures and techniques [M]. Sage Publications, 1990.

[263] Sullivan T J. Methods of social research [M]. Orlando: Harcourt College Publisher, 2001.

［264］Svensson C, Barford A. Limits and opportunities in mass customization for "build to order" SMEs ［J］. Computers in Industry, 2002, 49（1）: 77-89.

［265］Sweeney J C, Soutar G N. Consumer perceived value: The development of a multipleitem scale ［J］. Journal of Retailing, 2001, 77（2）: 203-220.

［266］Szybillo G J, Jacoby J. Intrinsic versus extrinsic cues as determinants of perceived product quality ［J］. Journal of Applied Psychology, 1974, 59（1）: 74-78.

［267］Tax S S, McCutcheon D, Wilkinson I F. The service delivery network （SDN）a customer-centric perspective of the customer journey ［J］. Journal of Service Research, 2013, 16（4）: 454-470.

［268］Taylor P Lesser H. Political philosophy and social welfare ［M］. Boston: Routledge & Kegan Paul, 1980.

［269］Toffler A. Future shock ［M］. New York: Bantam Books, 1971.

［270］Treacy M, Wiersema F. How market leaders keep their edge ［J］. Fortune, 1995, 131（2）: 52-57.

［271］Tseng M M, Lei M, Su C, et al. A collaborative control system for mass customization manufacturing ［J］. Cirp Annals, 1997, 46（1）: 373-376.

［272］Tseng M M, Lei M, Su C, et al. Collaborative control system for mass customization manufacturing ［J］. CIRP Annals-Manufacturing Technology, 1997, 45（1）: 373-376.

［273］Tyrone W. Jackson. Customer Value exchange ［J］. Journal of financial service Marketing, 2007, 1（11）: 314-332.

［274］Valette-Florence P, Rapacchi B. Improvements in means-end chain analysis ［J］. Journal of Advertising Research, 1991, 31（1）: 30-45.

［275］Vargo S L, Lusch R F, Akaka M A, He Y. Service-dominant logic: A review and assessment ［J］. Review of marketing research, 2017, 6: 125-167.

［276］Vargo S L, Lusch R F. Service-dominant logic 2025 ［J］. International Journal of Research in Marketing, 2017, 34（1）: 46-67.

[277] Veroff J, Douvan E A M, Kulka R A. The inner American: A self-portrait from 1957 to 1976 [M]. New York: Basic Books, 1981.

[278] Walker B A, Olson J C. Means-end chains: Connecting products with self [J]. Journal of Business Research, 1991, 22 (2): 111-118.

[279] Weinstein A. Customer retention: A usage segmentation and customer value approach [J]. Journal of Targeting, Measurement, and Analysis for Marketing, 2002, 10 (3): 259-268.

[280] Wilkie W L, Pessemier E A. Issues in marketing's use of multi-attribute attitude models [J]. Journal of Marketing Research, 1973, 10 (4): 428-441.

[281] Wimmer R D, Dominick J R. Mass media research: An introduction Belmont [M]. CA: Thomson Wadsworth, 2006: 231-254.

[282] Wind J, Rangaswamy A. Customerization: The next revolution in mass customization [J]. Journal of Interactive Marketing, 2001, 5 (1) 13-32.

[283] Woods W A. Consumer behavior [M]. New York: North-Holland, 1981.

[284] Woodruff R B, Gardial S F. Know your customer: New approaches to understanding customer value and satisfaction [M]. Cambridge: Blackwell Publishers, 1996.

[285] Woodruff R B. Customer value: The next source for competitive advantage [J]. Journal of the Academy of Marketing Science, 1997, 25 (2): 139-153.

[286] Wortmann J C. Production management systems for one-of-a-kind products [J]. Computers in Industry, 1992, 19 (1): 79-88.

[287] Xiong X Q, Wu Z H. The framework of information collection and data management for mass customization furniture [J]. Advanced Materials Research, 2011: 317-319.

[288] Young S, Feigin B. Using the benefit chain for improved strategy formulation [J]. The Journal of Marketing, 1975, 39 (3): 72-74.

[289] Zeithaml V A, Berry L L, Parasuraman A. The behavioral consequences of service quality [J]. The Journal of Marketing, 1996, 60 (2): 31-46.

［290］Zeithaml V A. Consumer perceptions of price, quality and value: A means-end model and synthesis of evidence ［J］. Journal of Marketing, 1988, 52 （3）: 2-22.

［291］Zipkin P. The limits of mass customization ［J］. Sloan Management Review, 2001, 42 （3）: 81-87.

附录1 样本编码过程表①

样本	方法—目的链理论构成要素	编码元素
序号1，女，39岁，私营业主，初中学历	1）**美观（C）—内心和谐（V）**（享受/我主要考虑的是要看上去美观，可能别的我没什么想法。做工看上去精致有档次一些，质量一定要好，最好就是工艺好点，相较于外面那种随随便便包工的，质量会有个保障） 2）**颜色（A）**（我是一个享受型的人，我对环境要求非常高，这样让我看起有感觉。色彩搭配上，比如说你家里整体上是这个颜色，然后你的家具是另外一个颜色，就明显感觉不搭。搭配不好就体现不到整体环境的高品质。我觉得色彩也很重要）**—实用（C）—内心和谐（V）**（生活品质/享受能够达到整体的效果，这样主要是为了家庭的环境好一些）**—家庭温馨（V）**。 3）**材料（A）**（选择材料时，我也会了解一下细节）**—环保（C）** 4）**品牌（A）**（是这样的，品牌也是很重要的）**—信任（C）**（品牌我可能会选择大众化的品牌） 5）**价格（A）—经济效益（C）—内心和谐（V）**（实惠/如果这个东西很贵，那么我可能不会去考虑。如果用一般价格的材料也一样达到这个效果的话，那么我会选择一般价格的。即使再怎么推荐价格高的，我也不会选择。我比较追求高性价比，我是一个实惠型的人） 6）**位置（A）—便利（C）**（距离近的话，也比较方便，这样我也就兴趣高些。太远了的话，兴趣也就没多少了） 7）**质量（A）**（质量一定要好些，最好是那种工艺好点，相比较于外面那种随随便便包工的，定制的质量会有个保障。家具那种定制的还会好看一些）**—环保（C）**（质量好的，也比较环保安全些）**—安全（V）** 链接链数：7	A1 颜色 A2 材料 A3 品牌 A4 价格 A5 位置 A6 质量 C1 美观 C2 实用 C3 环保 C4 信任 C5 经济效益 C6 便利 V1 内心和谐 V2 家庭温馨 V3 安全 编码数：15

---

① 此表仅列出前30个样本编码。

续表

样本	方法—目的链理论构成要素	编码元素
序号2，女，42岁，教师，本科学历	1) **设计（A）—美观（C）—舒服（C）（体验**/还是要追求美的体验吧，要好看，设计风格要有特色，我住着舒服，心情也会好）。 2) **材料（A）—环保（C）—健康（C）—安全（V）**（材料环保涉及健康方面的问题，也要保证身体安全问题，材料环保的话我家人的身体安全就有保障了） 3) **质量（A）**（质量和服务方面也会考虑，这个很重要）**—保障（C）** 　**—舒服（C）** 　**—快乐（V）**（开心） 4) **服务（A）**（比如地理位置、门店等这些还是其次，主要是东西好服务好，哪怕店面偏一点交通不方便，都是能接受的，最主要的还是东西要好服务要好）**—实用（C）（了解需求**/服务方面其实也关联到设计，首先要去考察我家庭的结构和需求，和我产生一个沟通） 　**—保障（C）**（定制好设计好后会涉及安装服务和售后等，就是一系列的服务问题。如果服务好的话，家具质量会有保障，能够符合我的需求，针对我的需求去定制。然后就是后期的保障，使用过程中给我的保障，还有维护等过程）**—自我实现（V）** 　**—安全（V）** 　**—经济效益（C）**（这样的话提升了我的使用价值。如果出现问题，能够立马解决，这样能够节省我的时间，省去了不少麻烦，减少时间成本，提升使用价值） 5) **价格（A）**（其他的就还会考虑价格，不能太贵，性价比要适中。）**—经济效益（C）**（这个也是一种理性消费的表现，希望得到性价比较高的一个产品。也是一种经济的保障，钱包要有保障！那肯定是经济因素的考虑，肯定不想被宰）**—智慧（V）（理性消费）** 6) **设计（A）（设计师**/还有就是设计师也很重要）**—实用（C）（了解需求**/他要知道和了解我真正需要什么，能够听到我的需求，能够抓住我的心理需求，要设计出我希望得到的效果。比如说，设计师要知道我想要的是北欧的、日式的还是文艺一点的，能够听出我想要的是什么效果。即使是北欧风格都还是有差别的，设计师要能听得出来，抓住信息。设计师要真的懂得使用者在使用时的一个体验，这样他会明白顾客会有个什么样的需要）**—自我实现（V）**（要了解我的需求。比如说，我定制的那家整体还是不错的。设计师一定要明白我的需求，能够理解我说话的重点在哪里，能够做出我想要的东西） 7) **颜色（A）**（色彩当然要考虑，色彩也是要和设计有关系的，就还是要美观的，有对审美的追求）**—美观（C）—内心和谐（V）**（审美追求） 8) **品牌（A）—信任（C）**（品牌方面也是很重要的。比如说，我去一个建材市场，首先看到的肯定是牌子，如果不是大品牌的话，肯定不会考虑的） 链接链数：12	A1 设计 A2 材料 A3 质量 A4 服务 A5 价格 A6 质量 A7 颜色 A8 品牌 C1 美观 C2 舒服 C3 环保 C4 健康 C5 保障 C6 实用 C7 经济效益 C8 信任 V1 安全 V2 快乐 V3 自我实现 V4 智慧 编码数：20

续表

样本	方法—目的链理论构成要素	编码元素
序号3， 女， 38岁， 自由职业， 初中学历	1) **环保（C）**（我第一个要考虑且最重要的就是环保，这个是最重要的。）—**健康（C）**（不好的东西，有毒的，对身体不好。人活着不就是为了健康吗，还有什么最重要的呢。）—**安全（V）**（健康好，那就是身体好嘛，身体好了，你才能够做其他的事情，身体不好，什么事情不就完成不了吗？你身体不好了，本来家庭条件还可以的，家里一个人生病了，那全家不都陷入贫困了吗？） —**儿童成长（C）**（我最看重的主要还是环保，小孩子在家，一定对身体要好） 2) **美观（C）**（环保过关了，那就是美观了）—**舒服（C）**（新房子装修得漂亮，自己喜欢，赏心悦目。破房子里面居住和装修好的房子里面居住感觉肯定不一样，心情好啊）—**快乐（V）**（开心） 3) **设计（A）**（色彩和整体风格要搭）—**实用（C）**（功能要实用，用途要多一点。我看那个小视频，柜子缩起来没有东西，你一打开就是小桌子和小床什么的。这个对房子空间小的人不就挺方便的吗？感觉就好了，特别省空间）—**舒服（C）** 4) **颜色（A）**（颜色的话就漂亮美观一些，我比较喜欢浅颜色）—**美观（C）** 链接链数：5	A1 设计 A2 颜色 C1 环保 C2 健康 C3 儿童成长 C4 美观 C5 舒服 C6 实用 V1 安全 V2 快乐 编码数：10
序号4， 女， 41岁， 教师， 本科学历	1) **设计（A）**（外观/买东西肯定是要挑自己喜欢的，首先从外观来判断自己喜不喜欢这个家具）—**美观（C）**（符合审美/从外观来讲的话，我去购买它肯定是它的外观比较吸引我，可以说比较符合我的审美）—**内心和谐（V）**（享受/生活舒服，能说我是享受型的人嘛。说得直白一些，我感觉我看到有美感的物品就很舒服啊） 2) **材料（A）**（看看使用什么材料制作的，家具最好就是用实木，因为多年都不会变形，多层板和密度板使用年限短，容易变形，还含有甲醛）—**环保（C）**—**安全（V）** 3) **质量（A）**（我挑到自己喜欢的自然就会关注价格，然后就是加工质量，是否精致，有没有瑕疵）—**舒服（C）**（好材料的家具从价格到做工、质量，肯定都是非常好的，价格自然也会高一点，我自己认为如果经济条件允许，那就选择高端的家具，用着放心，住起来舒心）—**安全（V）** 4) **价格（A）**（我去买东西肯定要考虑它的价格，如果说价格过高的话，我可能也不会去购买，因为超过了我的预算。）—**经济效益（C）**（理性消费/它的价格高低直接决定我去不去购买。刚才都说过了，价格高我可能就不会去购买了。）—**智慧（V）**（高性价比吧，其实和价格一样的。换句话来说，价格在我理想的范围内，但是它的质量比较差的，我也不会考虑。应该能够体现我是一个高性价比追求的人吧。我觉得价格一定要在我理想的范围内，如果说不在我理想的范围内，它那个家具再好，我可能就根本不去考虑） 链接链数：4	A1 设计 A2 材料 A3 质量 A4 价格 C1 美观 C2 环保 C3 舒服 C4 经济效益 V1 内心和谐 V2 安全 V3 智慧 编码数：11

样本	方法—目的链理论构成要素	编码元素
序号5, 女, 28岁, 专职太太, 本科学历	1) **材料（A）—环保（C）—健康（C）**（现在人都追求环保，因为环保会影响到我们的健康啊）**—自我实现（V）**（价值？那应该就是能够满足我绿色生活吧，我觉得绿色生活其实是对自己的负责。绿色生活是我追求的价值观之一，而且我对于身体健康有着高追求，身体健康比什么都重要不是吗？） 2) **设计（A）—美观（C）—舒服（C）—快乐（V）**（心情好/因为好看的家具我自己看起来也舒服，要不然一点都不美观的话我自己都不愿意看它，它还在我家里，我天天都能看见，这样会影响我的心情）**—内心和谐（V）**（审美追求/这样的我使用起来体验感就会很好。满足我的审美观嘛，看着舒服就是种享受） 链接链数：2	A1 材料 A2 设计 C1 环保 C2 健康 C3 美观 C4 舒服 V1 自我实现 V2 快乐 V3 内心和谐 编码数：9
序号6, 男, 36岁, 政府公务 人员, 本科学历	1) **价格（A）—经济效益（C）**（觉得价格很重要是因为考虑到自己经济承受能力，在自己可以接受的范围内首先要考虑价格因素，一般来说选择相对性价比高的家具。价格一定要在我能够承受起的范围内才行，要不然我可能不会选择） 2) **材料（A）**（材料的话，因为材料的制作对环境影响比较大，所以尽量选用一些环保材料）**—环保（C）**（绿色环保/可以表现出我的生活价值观比较追求绿色无害）**—社会身份（V）**（社会主流？现在人生活都很讲究）。 3) **设计（A）**（外观）**—美观（C）**（外观的话，考虑到自己的兴趣爱好和家庭的面积比例）**—舒服（C）**（赏心悦目/如果说是设计风格好看的话，我看着也会觉得漂亮，心情愉悦嘛。要是体积方面来讲，不占地方，这样就能给我留出一些空间了。一件好的家具能给你带来赏心悦目的感觉，也能让你生活得更舒服。赏心悦目是一种享受生活的体现，舒适更是归属感的体现）**—家庭温馨（V）**（归属感） 4) **品牌（A）** 5) **服务（A）** 链接链数：3	A 价格 A2 材料 A3 设计 A4 品牌 A5 服务 C1 经济效益 C2 环保 C3 美观 C4 舒服 V1 社会身份 V2 家庭温馨 编码数：11
序号7, 女, 28岁, 销售人员, 大专学历	1) **价格（A）**（在定制家具时会考虑价格，自己的购买能力会影响到买什么样的家具）**—经济效益（C）**（我不会花大价钱来购买。因为经济条件受限的人，第一关注的永远是价格，这是真理。比如说我很喜欢这一套家具，但是它已经超过了我能够承受的购买力，即使我想要它，也买不起啊） 2) **材料（A）**（材料很重要，看材料会不会污染环境，要用环保的）**—环保（C）**（材料重要是因为会污染环境，要用环保的）。 3) **质量（A）—实用（C）**（质量也很重要，因为质量越好，用的时间更久一点，节省更多花费在上面的时间） 4) **设计（A）**（款式/款式也很重要，看起来要舒服）**—舒服（C）—内心和谐（V）**（享受/风格款式给我来带赏心悦目的感觉心情会好，要有眼缘，我也是算是比较喜欢享受生活） 链接链数：4	A1 价格 A2 材料 A3 质量 A4 设计 C1 经济效益 C2 实用 C3 舒服 V1 内心和谐 编码数：8

续表

样本	方法—目的链理论构成要素	编码元素
序号 8, 女, 28 岁, 服务人员, 专科学历	1）**材料（A）（材质）—健康（C）**（首先考虑的还是材质因素，家具的材质对我们家人的身体是否健康，是我首先要考虑的。起码对我和我的家人的健康是个保障。虽然我不知道材质环保的话对健康能起多大作用，但是材质要是有毒素之类的，一定会对健康有一定的危害不是吗？对健康有个保障。满足我对健康的要求吧，追求健康生活）**—安全（V）**（健康当然是很重要的啦。如果这类家具我花了大价钱买回家，威胁到我家里人的身体健康了，那我买回家岂不是每天都提心吊胆，还花了那么多钱，多不值） 2）**美观（C）**（美观，简洁大方，视觉上要好）**—舒服（C）** 视觉好/赏心悦目（C）（美观很重要，我当然希望我家里的家具看着赏心悦目，每一样东西都有条不紊地放在该放的地方，我自己看着心情也好了）**—快乐（V）**（开心/最重要的还是看着心情也好，谁不希望家里面漂漂亮亮的、整洁大方呢） 3）**价格（A）**（价格要合适，不能太贵，也不能太便宜了） 4）**实用（C）**（家具的设计要有实用性，这样我就可以利用最少的空间放更多的东西，而且整洁不乱，我自己看着也舒服）**—舒服（C）—内心和谐（V）**（享受/会让我觉得物有所值，花了钱买到了自己喜欢的东西，心情也会愉悦，这样每天在家也很享受） 5）**位置（A）—方便（C）**（店面的位置吧，就是去看家具选择的时候比较浪费时间，要是这样的话，我会选择较近的一个） 链接链数：4	A1 材料 A2 价格 A3 位置 C1 健康 C2 舒服 C3 实用 C4 方便 V1 安全 V2 快乐 V3 内心和谐 编码数：10
序号 9, 男, 40 岁, 销售主管, 本科学历	1）**环保（C）**（安全环保无污染）**—健康（C）**（环保因素是装修必要的呀，首先得确保对自己的健康没有伤害，不然我要它干嘛）**—舒服（C）**（对自己健康没害处的房子自己住得也舒心，怎么说呢，就是考虑这些因素对自己百利而无一害吧）**—自我实现（V）**（成就感/不管是外观还是价格上，自己满意了，这次装修才算是成功了） 2）**美观（C）—舒服（C）**（装修风格匹配，才会使房子看着顺眼，让我看上去舒服嘛，也能体现出我的审美观，我觉得我对于美观的追求是我的审美观的一部分，满足我对美的追求吧）**—自我实现（V）** 3）**经济效益（C）**（性价比更是重中之重了，什么样的家具配什么样的价格，相对比前面说的美观这个因素倒不是怎么重要，但也是在考虑中的。）**—自我实现（V）**（成就感/让我买到好的物品吧，高性价比追求啊，我觉得买到高性价比的物品很有成就感啊） 链接链数：3	C1 环保 C2 美观 C3 经济效益 C4 舒服 C5 健康 V1 自我实现 编码数：6
序号 10, 女, 35 岁, 私营业主, 本科学历	1）**价格（A）—经济效益（C）**（因为价格的话，一定要物品有所值。我希望用我理想的价格买到我喜欢的东西。要是价格太高的话，我也买不起。你说对吧，所以一定要在我的购买力之内）**—快乐（V）**（开心/如果说我花少点钱就能买到好的物品的话，我肯定开心） 2）**美观（C）**（看着要大气美观，看着美观的自己也开心嘛，爱美之心人皆有之，对物品也不例外）**—快乐（V）**（开心/舒心只要买到自己满意的东西，装修就会让我自己开心，用着舒心）**—活力生活（V）**（心情好了，自然做什么事情都有动力了）	A1 价格 A2 质量 A3 品牌 C1 经济效益 C2 美观 C3 实用 C4 舒服 C5 实用

样本	方法—目的链理论构成要素	编码元素
序号10， 女， 35岁， 私营业主， 本科学历	3) **实用（C）**（实用性要比较强，因为家具的话我首先要考虑它的实用性，因为它最大的作用就是让我们去使用的。）—**舒服（C）**（让我用起来舒服吧，因为东西就一定要选择自己用着舒适的，体验效果比较好，比如我工作了一天，然后回到家就往沙发上一躺，然后不就会觉得很舒服了吗？对吧） 4) **质量（A）**（价格要在我承受的范围之内，质量当然要好一点）。 5) **品牌（A）—信任（C）**（从价格和质量角度来讲，我觉得一定要保障质量好，要是能低价格买到好东西的话，那是最好的结果了。所以要买可以信任的品牌） 链接链数：4	C6 信任 V1 活力生活 编码数：10
序号11， 女， 32岁， 全职太太， 本科学历	1) **质量（A）**（现在东西很多，买每样东西我其实都要精挑细选一下，货比三家，我首先考虑的就是质量问题，然后再看看价格，而且还要考虑一下耐不耐脏）—**实用（C）**（质量一定要好，因为我花钱买了一个家具，结果还没用几天就坏掉了吧）—**安全（V）**（我用起来有保障啊，不怕它说坏就坏了，对吧。我觉得质量好，我内心就踏实，而且我家里面有小孩子，我也不怕小孩子一下把它弄坏了） —**儿童发展（C）** 2) **价格（A）—经济效益（C）**（价值？满足我的性价比要求吧） 3) **实用（C）—美观（C）**（耐脏/家具选好了，自己住进去肯定会舒心，也不用担心孩子弄脏后就不美观了）—**舒服（C）** —**儿童发展（C）**（因为家里有宝宝，那肯定是要选择耐脏的，质量要有保障。而且现在买什么东西都会看价格的，这没什么理由） 链接链数：4	A1 质量 A2 价格 C1 实用 C2 经济效益 C3 儿童发展 C4 舒服 C5 美观 V1 安全 编码数：8
序号12， 男， 38岁， 企业主管， 本科学历	1) **材料（A）**（原材料要环保，甲醛不能超标，无污染，毕竟是生活的地方，现在家装行业装修污染太严重，人大部分时间都在室内，不做好室内环境，对身体损害太大）—**环保（C）—健康（C）**（可能我自身对于健康还是比较看重的，所以我对绿色生活要求比较高，身体健康能保证了，才能去做别的事情，健康是革命的本钱嘛）。 2) **设计（A）**（设计风格符合个人需求，追求大方、简约、朴素）—**自我实现（V）**（设计风格其实也能体现出我这个人的性格什么的。设计风格我考虑的是整体性，考虑欧美风还是中国传统装修什么的，是自己一个人或者自己家人住的，按照个人的需求，如果到时不满意，牵扯的可是整体。所以我对于设计风格的要求是一定要符合我的需求以及要求）。 —**舒服（C）**（自己看着舒服，毕竟是自己天天要住的地方，起码让我有个家的感觉，能够满足我对家的想象）—**家庭温馨（V）** 3) **价格（成本）（A）—经济效益（C）**（成本的话，定制化的家具肯定比标准的普通的价格高，要结合自身经济实力去购买） 4) **时间（A）**（安装时间不影响入住） 5) **服务（A）**（售后的问题，万一安装过程中有什么问题或者家具材料出现什么问题，要能马上联系上厂家、客服，他们能够给予满意的解决方案） 链接链数：5	A1 材料 A2 设计 A3 价格 A4 时间 A5 服务 C1 环保 C2 健康 C3 经济效益 C4 舒服 V1 家庭温馨 V2 自我实现 编码数：11

续表

样本	方法—目的链理论构成要素	编码元素
序号 13, 女, 41 岁, 政府公务 人员, 本科学历	1）**设计（A）**（风格要符合我的审美,要找到我喜欢的家具风格和符合房子的整个风格）**—舒服（C）—快乐（V）**（开心/我觉得设计风格要符合我的要求,这样我用起来才会感觉很舒服,也会感觉生活会更加愉快开心。风格肯定也要和家里统一起来,如果不一样的话很不搭,心里也会很不舒服的,反正我觉得一定要让家里有统一感。装修和家具得统一风格才能更好看更美观,让我更开心。我刚才有说到啊,就是让我看上去心里很舒服嘛,要是说具体的什么结果,其实我也不知道,就是感觉舒服）**—内心和谐（V）**（审美追求/满足我的审美观要求吧。只要能达到我审美观的要求,我感觉就可以了,我觉得美,这是我想要的东西。嗯,就这样） 2）**实用（C）**（功能、尺寸）（我在定制家具过程中会考虑我本身自己空间的大小,要有足够的空间来放置这些家具,要符合房间的大小。考虑到这些是因为需要有足够的房间大小来放置这些家具。如果说整体空间比较小,然后我定制了一个家具就把我房间的一半给占去了的话,那我也不会去选择去定制这个家具。现在其实不是好多家具都是多功能的嘛,其实我还是蛮喜欢那种的,用处多,而且还不占地方,你用的时候可以把它拉开,不用的时候缩回去,这样就大大节省了不少空间）**—经济效益（C）**（就是刚才我说的不会占用我家里很多空间,而且用处还比较多。我买这样的家具省掉我去购买其他的了,性价比高） 3）**位置（A）—方便（C）**（店铺的地理位置也会有一点影响。如果说位置不方便的话,去起来麻烦,就不想去了,可能就会不买这家的家具了） 4）**品牌（A）—信任（C）**（可靠）**—安全（V）**（放心）（我觉得品牌也挺重要,因为品牌是一种保障,品牌的东西用得更放心一点,也不会像其他不是牌子的感觉不放心,品牌带来的是一种信任,更容易购买,更放心） 链接链数：4	A1 设计 A2 位置 A3 品牌 C1 舒服 C2 实用 C3 经济效益 C5 信任 C6 方便 V1 快乐 V2 内心和谐 V3 安全 编码数：11
序号 14, 男, 29 岁, 销售人员, 专科学历	1）**价格（A）—保障（C）**（觉得价格重要是因为价格高了质量相对来说也会高） **—经济效益（C）**（价格一定要在我想购买的范围内,超出了的话,我就会思考一下） 2）**材料（A）—实用（C）**（耐用）（材料好了,用的时间就会更长一点） 3）**质量（A）**（要购买的话就选择质量好的,高性价比追求,满足我的要求）**—经济效益（C）—舒服（C）** **—内心和谐（V）—幸福感（V）**（家庭幸福/给我带来舒服的感觉,是一种享受,让我的生活更加完美,更加开心,回到家里看到这些是一种享受,舒坦,可以说满足我享受型的追求吧,家庭也幸福） 链接链数：5	A1 价格 A2 材料 A3 质量 C1 保障 C2 经济效益 C3 实用 C4 舒服 V1 内心和谐 V2 幸福感 编码数：9
序号 15, 男, 38 岁, 销售人员, 大专学历	1）**设计（A）**（风格、款式）（我主要考虑的是家具的款式、颜色、美观,自己定制的家具主要是自己喜欢的,看上去大气,上档次）**—美观（C）** 2）**颜色（A）** 3）**价格（A）—经济效益（C）**（价格方面不要求特别高的消费,主要倾向于评价实惠）	A1 设计 A2 颜色 A3 价格 A5 设计 A6 品牌

续表

样本	方法—目的链理论构成要素	编码元素
序号 15, 男, 38 岁, 销售人员, 大专学历	4) **设计（A）**（可以根据自己的意愿去定制家具，根据自己的想法设计和自己房子的装修风格相似的家具）—**舒服（C）**—**内心和谐（V）**（满意/我只是感觉让自己满意就可以了，每个人的爱好不一样，我选东西主要选择的是满意，最起码要心里满意才会觉得舒服，同时舒适也是很重要的，只要选择的东西让自己满意，舒适就可以了） 5) **品牌（A）**—**信任（C）**（我认为品牌家具在质量上面是值得信赖的，并且有很多人可能会去选择买一些知名品牌的家具，可是我个人比较偏向平价实惠的家具，品牌的消费高，我不追求高消费） 6) **服务（A）**（售后服务）（我喜欢自己选择喜欢的款式，然后卖家送货上门） 链接链数：3	A7 服务 C1 美观 C2 经济效益 C3 舒服 C4 信任 V1 内心和谐 编码数：12
序号 16, 男, 42 岁, 私营业主, 本科学历	1) **价格（A）**—**经济效益（C）**（价格我认识是和自己收入有很大关系的，要在自己的承受范围之内。价格方面一定要合理，房子装修好是自己住，如果背负很大的债务的话，人的压力会很大） 2) **设计（A）**（款式/定制家具的话，我认为应该就是款式、颜色等，当然质量也很重要的） 3) **质量（A）** 4) **颜色（A）** 5) **材料（A）**（材料如果使用得不好，天天闻到油漆味，会很难受）—**环保（C）**（材料方面我选择绿色环保的，要有一定的质量保障）—**快乐（V）**（开心/我认为只要一个自己心仪的环境里面，赏心悦目，不是每天都很开心快乐吗？而且看到的都是自己喜欢的东西也十分满足）—**自我实现（V）**成就感 6) **品牌（A）**—**信任（C）**（好口碑的品牌质量也是有保障的，让人比较信任） 链接链数：3	A1 价格 A2 设计 A3 质量 A4 颜色 A5 材料 A6 品牌 C1 经济效益 C2 环保 C3 信任 V1 快乐 V2 自我实现 编码数：11
序号 17, 男, 26 岁, 销售人员, 专科学历	1) **设计（A）**（家具的大小是否适合房间大小）—**美观（C）** 2) **颜色（A）**（颜色是否自己喜欢的，能不能搭配房间的颜色之类）—**美观（C）** 3) **位置（A）**—**安全（V）**（会选择自己比较相信的地点去买家具，这样的话对质量比较放心） 4) **材料（A）**（我认为布衣的家具亲肤性比较好，也比较环保）—**环保（C）**—**舒服（C）**—**快乐（V）**（开心/这些因素肯定是重要的，主要还是自己和家人喜欢，家具放在家里美观，家人住得舒适，开心就好） 5) **品牌（A）**—**信任（C）**（大牌的就是好的，有保证） 6) **设计（A）**（款式/在我看来，除非是有特别喜欢的款式，一般是不会选择定制家具的）—**内心和谐（V）**（满意/家人喜欢，款式的多样性，以及家人是否喜欢、满意） 7) **价格（A）**（价格方面只要不是太贵，自己喜欢就好） 链接链数：6	A1 设计 A2 颜色 A3 位置 A4 材料 A5 品牌 A6 价格 C1 美观 C3 环保 C4 舒服 C5 信任 V1 安全 V2 快乐 V3 内心和谐 编码数：13

续表

样本	方法—目的链理论构成要素	编码元素
序号18， 女， 40岁， 私营业主， 高中学历	1）**材料（A）—实用（C）**（我的话比较倾向于实木家具，实木的家具比较结实、耐用）**—安全（V）**（材料好质量又好我用着就很放心，不用担心用不长久，而且也不用每天为了家具的维修找售后，解决了我的后顾之忧，也减少了麻烦） 2）**质量（A）** 3）**设计（A）**（风格/个人的喜好很重要，家具是每天都要看到的，我当然要选择自己喜欢的风格，我个人就比较喜欢欧式风格的家具）**—舒服（C）**（舒心/我自己喜欢的家具买回家放着，每天用它，我看着舒心，用着也放心）**—内心和谐（V）**（生活品质/就是能够提高生活质量，生活品质有所提高） 链接链数：2	A1 材料 A2 质量 A3 设计 C1 实用 C2 舒服 V1 安全 V2 内心和谐 编码数：7
序号19， 男， 43岁， 厨师， 初中学历	1）**材料（A）**（在我看来如果不用健康环保的材料，而是用对人体不好的甚至是有害的材料的话，人也就失去了健康，何谈什么价值和结果呢。）**—健康（C）**（健康在我看来是最重要的。我们能够拥有健康的身体，才能有幸福的生活。如果是健康环保的材料的话，对自己和家人都比较好，住了不仅心里开心，身体也"开心"）**—幸福感（V）** 2）**美观（C）**（外形是否美观） 3）**实用（C）**（家具的实用性要建立在质量有保证并且价格也比较合理的这个前提下） 4）**价格（A）—经济效益（C）**（价格要合适，在自己能够承受的范围以内） 5）**质量（A）—健康（C）**（我之前说了健康是我比较看重的因素，而产品质量也间接决定了人体的健康） 6）**品牌（A）—信任（C）**（品牌肯定是很重要，而且如果是我的话，我会尽量选择一些国家的大品牌，这样才能保证质量） 7）**服务（A）**（售后服务/我希望最好是根据我的要求来定制，并且可以上门安装） 链接链数：4	A1 材料 A2 价格 A3 质量 A4 品牌 A5 服务 C1 健康 C2 美观 C3 实用 C4 经济效益 C5 信任 V1 幸福感 编码数：11
序号20， 女， 32岁， 教师， 本科学历	1）**安全（V）**（最好没有锋利的边边角角，家里有宝宝，所以会替宝宝着想，如果锋利的边边角角很多的话，宝宝也容易磕到碰到，安全很重要） 2）**材质（A）—环保（C）**（我个人会对材质的要求稍微高一些，人的一生最重要的就是生命） 3）**设计（A）—美观（C）**（外形要美观，要适合家里的装修风格以及房间大小，而且家具不只是一种摆设，也给你整个家增添了一种色彩）**—舒服（C）**（愉悦/我想自己一天的工作下来，拖着疲惫的身体迈进家门，第一感觉就是放松、安全、愉悦、温馨，这让我劳累的内心也得到了舒缓。这样的体验我认为非常值得） 　　**—安全（V）** 　　**—家庭温馨（V）** 4）**品牌（A）—信任（C）**（大牌的售后是比较有保障的，而且它的质量也比较好，所以比较相信大牌） 5）**服务（A）—信任（C）**（产品的售后与质量我个人认为是非常重要的，好的售后与产品也比较容易得到我们这些消费者的信任） 链接链数：5	A1 材质 A2 设计 A3 品牌 A4 服务 C1 环保 C2 舒服 C3 信任 C4 美观 V1 家庭温馨 V2 安全 编码数：10

样本	方法—目的链理论构成要素	编码元素
序号21， 男， 32 岁， 教师， 硕士学历	1) **美观（A）**（装修首先要保证美观，家具如果与房屋风格不搭会影响房屋整体美观）—**舒服（C）**（选择合适的家具可以让我感到舒适）—**快乐（V）**（**愉悦**/得到好的居住体验，会觉得很愉悦）—**幸福感（V）**（在我看来装修应该给居住者幸福感） 2) **质量（A）**—**实用（C）**（耐用）（质量也很重要，家具的使用周期比较久，不方便轻易更换） 3) **经济效益（C）**（会比较看重性价比） 4) **品牌（A）**—**信任（C）**（我认为品牌也是我选购家具时一个重要的因素，品牌产品一般在质量上靠得住，售后有保证） 5) **自我实现（V）**（定制家具可以充分满足我的想法） 链接链数：4	A1 美观 A2 质量 A3 品牌 C1 舒服 C2 实用 C3 经济效益 C4 信任 V1 快乐 V2 幸福感 V3 自我实现 编码数：10
序号22， 女， 49 岁， 私营业主， 高中学历	1) **质量（A）**—**实用（C）**（耐用）（因为质量如果不好的话不耐用，用的时间不长久需要经常更换） 2) **环保（C）**（看这个家具是不是环保，会不会有污染的问题出现）—**健康（C）**（不是环保的话，对身体不好对健康有影响，健康是最重要的） 3) **设计（A）**—**美观（C）**（款式美不美，符不符合自己的喜好）—**舒服（C）**（漂亮的家具看着更舒服一点） 4) **品牌（A）**（品牌也很重要）—**信任（C）**（大品牌质量一般都比较好）。 5) **位置（A）**（好的位置近的位置比较方便）—**方便（C）**—**快乐（V）**（距离近的话没事可以逛逛，一般我会选择比较大的家具城买这些家具，不管是质量还是样式抑或是环保我都比较放心，给我带来方便、快捷，不会花费太多时间，给我带来舒心放心开心的感受）—**安全（V）** 链接链数：6	A1 质量 A2 设计 A3 品牌 A4 位置 C1 实用 C2 环保 C3 健康 C4 美观 C5 舒服 C6 信任 C7 方便 V1 快乐 V2 安全 编码数：13
序号23， 男， 31 岁， 厨师， 高中学历	1) **美观（C）**（人都喜欢美好的东西，需要每天看到它，所以需要看得舒心，心情也会随之变得开心）—**舒服（C）**—**快乐（V）** 2) **价格（A）**—**经济效益（C）**（价格要看自己的生活标准，每个人都是不一样的，我会选择物美价廉的、性价比高的） 3) **质量（A）**（首先有了质量才会去考虑其他东西，质量不好，其他的都没用） 4) **位置（A）**—**方便（C）**（店铺我会尽量选择近的） 链接链数：3	A1 价格 A2 质量 A3 位置 C1 美观 C2 舒服 C3 经济效益 C4 方便 V1 快乐 编码数：8
序号24， 女， 25 岁， 服务人员， 中专学历	1) **设计（A）**—**美观（C）**（家具放在家里，肯定想让它跟家里装修搭配，让它好看，漂亮）—**内心和谐（V）**（享受/外观好的话，会给我带来视角享受）—**实用（C）**（空间/所谓的要有结构性，就是设计一定要合理。设计的家具要合理安排空间，不占地方，在有限的空间里发挥最大的作用）—**自我实现（V）**（结构方面的话，我觉得能显示个人风格，毕竟定制家具，一定是我喜欢的，才会去定制）	A1 设计 A2 材料 A3 质量 C1 美观 C2 实用 V1 内心和谐 V2 自我实现

续表

样本	方法—目的链理论构成要素	编码元素
序号24, 女, 25岁, 服务人员, 中专学历	2）**材料（A）—实用（C）（耐用/因为家具是家里很重要的一部分，所以一定会想用久一点！）** 3）**质量（A）（质量当然重要，如果是那种油漆、人造板，看上去可能会好看，但本质上首选一定是实木家具）—实用（C）（实木家具自然、环保，具有收藏价值，而像我上面说的人造油漆家具，对我来说中看不中用。实木家具也能显得高端大气上档次）** 链接链数: 5	 编码数: 7
序号25, 男, 26岁, 学生, 硕士学历	1）**价格（A）**（装修之后，肯定是要长期居住的，价钱肯定是我首先要考虑的第一个因素，购买家具的时候要看自己的消费水平，根据自己的消费水平来衡量）**—经济效益（C）—内心和谐（V）**（实惠如果能够买到和自己消费水平相当的家具的话，不会给自己带来经济负担，还能买到自己满意的家具） 2）**颜色（A）**（我比较喜欢暖色调，所以要以暖色调为主，这样我的心情也会愉快。如果我每天回到家，看到的是我喜欢的暖色调，就会给我带来一种身心愉悦的感觉。）**—快乐（V）** 3）**设计（A）**（现在商品房楼层不一样，房间的装修风格也不一样，安装家具的地方也不一样，所以一定要按照我所居住的房子尺寸来购买。整体风格要一致，如果风格不统一，那整个布局都乱套了）**—实用（C）—舒服（C）** 4）**质量（A）**（一般装修之后房子的使用寿命都是几十年，所以质量肯定要考虑的）**—实用（C）（耐用/**如果我买回家的家具用不到两三年的时间就坏了，那么我又得重新购买） **—经济效益（C）**（这不仅会给我带来经济负担，也会给我的生活带来不便和麻烦）**—内心和谐（V）—快乐（V）**（我装修的房子肯定是要自己居住的，如果家具是我喜欢的话，肯定会让我的生活充满愉悦，也更加开心） 链接链数: 5	A1 价格 A2 颜色 A3 设计 A4 质量 C1 经济效益 C2 实用 C3 舒服 V1 内心和谐 V2 快乐 编码数: 9
序号26, 女, 42岁, 私营业主, 高中学历	1）**款式（A）**（款式要简洁大方，不要太过烦琐）**—舒服（C）—美观（C）**（我认为如果达到了我的要求，那么我进门就会有一种舒适感）。（家里老人不喜欢乱七八糟的款式，两个女儿都喜欢好看的，所以款式要美观。我个人还是喜欢古色古香一点的，不容易淘汰）**—幸福感（V）**（我认为达到了我的要求，那么我进门就会有一种舒适感，会给人一种家的感觉，让家人更加融洽，也能让老人感受到儿女绕膝的幸福） 2）**实用（C）**（不能徒有其表，最好有收纳功能，不能太占地方，占地面积小的话，我打扫起来也比较方便） 3）**品牌（A）**（品牌好的，质量那是肯定过硬，如果再次装修时会考虑）**—信任（C）** 4）**质量（A）**（家里有老人小孩，家具质量一定要好） 链接链数: 4	A1 款式 A2 品牌 A3 质量 A4 品牌 C1 舒服 C2 美观 C3 实用 C4 信任 V1 幸福感 编码数: 9

样本	方法—目的链理论构成要素	编码元素
序号27， 男， 52 岁， 教师， 本科学历	1) **环保（A）**（家具的环保非常重要，家具里面有毒的比较多，生活在这样的环境里是不健康的）—**健康（C）**（环保的话，对我及家人的健康有保障啊） —**舒服（C）**（肯定住着舒服啊！）—**内心和谐（V）（生活品质**/满足我对生活品质的要求吧） 2) **材料（A）**—**实用（C）**（耐用/材料要耐用的） —**经济效益（C）**（材质好的话，可以用的时间也会长久一些，这样的话，也不用说没用多长时间就坏掉了） —**安全（V）**（材质非常重要，现在材质很多都是胶水压成板的，这样的材质放在家里是不踏实的） —**舒服（C）**（使用起来舒服啊，我感觉能给我带来很好的体验效果） 3) **设计（A）**（款式是自己喜欢的）—**实用（C）**（好多家具个人喜欢不一样，要根据个人喜爱，老年人喜欢的小孩子不一定喜欢，将来家里有小宝宝会选择色彩比较鲜艳一点的。现在家具不像原来家具有一种传承，父母用了之后传给儿子，现在都不考虑了，跟现在人的生活、习惯都有一定的关系。年纪大一点的都会有一种归属感，不会过多考虑其他的，主要考虑实用、简洁一点的） 4) **位置（A）**—**方便（C）**（店面位置因素有影响，不会太大，有的家具在大商场的店都是偏僻一点的。在闹市人家可能不会去，停车都不方便） 链接链数：7	A1 环保 A2 材料 A3 设计 A4 位置 C1 健康 C2 舒服 C3 经济效益 C4 实用 C5 方便 V1 内心和谐 V2 安全 编码数：11
序号28， 女， 35 岁， 私营业主， 初中学历	1) **材料（A）**—**环保（C）**—**健康（C）**（材料一定要健康又环保的，这是最基本的）—**安全**（就是我用着会放心。对身体健康，不会对家人的健康有影响。对身体健康，用起来既安全又放心） 2) **价格（A）**—**经济效益（C）**（价格也要实惠点才行，太贵的话不好，也不能太便宜） 3) **品牌（A）**—**信任（C）**—**安全（V）**（大品牌的家具，用的人肯定多，那也是一种保障吧） 4) **颜色（A）**（色彩的搭配，色彩对一个房间的整体协调感很重要）—**美观（C）** 5) **设计（A）**（设计风格，或是类型）（家具的设计风格，如中式、西式风格这些） 6) **质量（A）**—**实用（C）**（耐用/质量当然重要，谁也不希望买来的家具没多久就老旧或者坏了）—**内心和谐（V）（生活品质）** 链接链数：5	A1 材料 A2 价格 A3 品牌 A4 质量 A5 颜色 A6 设计 C1 健康 C2 环保 C3 经济效益 C4 实用 C5 信任 V1 安全 V2 内心和谐 编码数：13
序号29， 女， 50 岁， 家庭主妇， 初中学历	1) **设计（A）**—**快乐（V）**（款式/款式考虑的不周到，就是使劳累一天的我感到压抑，觉得不开心） 2) **质量（A）**—**经济效益（C）**（质量好了，节约了金钱也节约时间。） 3) **价格（A）**（价格就是每个人都会考虑的因素） 链接链数：3	A1 设计 A2 质量 A3 价格 C1 经济效益 V1 快乐 编码数：5

续表

样本	方法—目的链理论构成要素	编码元素
序号 30, 男, 40 岁 私营业主, 专科学历	1) **材料（A）—环保（C）**（材料一般现在比较考虑环保, 所以比较关注家具的这个材料是否合格, 例如它的甲醛含量有没有超标, 是不是比较环保的材料）**—安全（V）**（如果我很关注这个材料它是否环保的话, 前期质量把关好, 后期使用会安心一点） 2) **设计（A）—舒服（C）**（设计风格/我选择什么样的设计风格直接会影响到后期居住个人的感受, 看个人是喜好中式风格、欧式风格还是现代简约风格, 肯定和个人的偏好、性格等都有关系）**—内心和谐（V）**（**心情愉悦**/我喜欢简约的设计风格, 如果按照我这个风格设计好了, 住在里面心情的确也比较愉悦） **—实用（C）—自我实现（V）**（**成就感**/如果前面层层把关, 设计师按照我的需求来设计, 而且设计后最终的结果和当初设想的差不多, 会很有成就感） 3) **时间（A）**（至于时间, 对我来说影响不是很大, 我不是很着急, 因为房子也不是婚房这种急需入住的, 但是对于某些人会觉得很重要） 链接链数: 3	A1 材料 A2 设计 A3 时间 C1 环保 C2 舒服 C3 实用 V1 安全 V2 内心和谐 V3 自我实现 编码数: 9

附录 2 访谈样本阶梯图[①]

访谈样本1

Ladder1		Ladder2		Ladder3	
		V	家庭温馨		
			↑		
V	内心和谐	V	内心和谐		
	↑		↑		
C	美观	C	实用	C	环保
					↑
		A	颜色	A	材料
Ladder4		**Ladder5**		**Ladder6**	
		V	内心和谐		
			↑		
C	信任	C	经济效益	C	便利
A	品牌	A	价格	A	位置
Ladder7		**Ladder8**		**Ladder9**	
V	安全				
	↑				
C	环保				
	↑				
A	质量				

---

① 此表仅列出前 30 个访谈样本。

访谈样本2

Ladder1		Ladder2		Ladder3	
		V	安全		
C	舒服	C	健康	V	自我实现　　　安全
C	美观	C	环保	C	实用　保障　经济效益
A	设计	A	材料	A	服务
Ladder4		**Ladder5**		**Ladder6**	
V	快乐	V	智慧	V	自我实现
C	保障　舒服	C	经济效益	C	实用
A	质量	A	价格	A	设计
Ladder7		**Ladder8**		**Ladder9**	
V	内心和谐				
C	美观	C	信任		
A	颜色	A	品牌		

访谈样本3

Ladder1		Ladder2		Ladder3	
V	安全				
C	健康　儿童成长	V	快乐	V	舒服
C	环保	C	舒服	C	实用
		A	美观	A	设计
Ladder4		**Ladder5**		**Ladder6**	
C	美观				
A	颜色				

大规模定制家具行业顾客感知价值研究

访谈样本4

Ladder1		Ladder2		Ladder3	
V	内心和谐	V	安全	V	安全
C	美观	C	环保	C	舒服
A	设计	A	材料	A	质量

Ladder4		Ladder5	Ladder6
V	智慧		
C	经济效益		
A	价格		

访谈样本5

Ladder1		Ladder2		Ladder3
V	自我实现	V	内心和谐　　快乐	
C	健康	C	舒服	
C	环保	C	美观	
A	材料	A	设计	

访谈样本6

Ladder1		Ladder2		Ladder3	
				V	家庭温馨
		V	社会身份	C	舒服
C	经济效益	C	环保	C	美观
A	价格	A	材料	A	设计

访谈样本7

Ladder1	Ladder2	Ladder3
C　经济效益	C　环保	C　实用
↑	↑	↑
A　价格	A　·材料	A　质量

Ladder4	Ladder5	Ladder6
V　内心和谐		
↑		
C　舒服		
↑		
A　设计		

访谈样本8

Ladder1	Ladder2	Ladder3
V　快乐		V　内心和谐
↑	V　安全	↑
C　舒服	↑	C　舒服
↑	C　健康	↑
C　美观	↑	C　实用
	A　材料	

Ladder4	Ladder5	Ladder6
C　方便		
↑		
A　位置		

访谈样本9

Ladder1	Ladder2	Ladder3
V　自我实现		
↑	V　自我实现	
C　舒服	↑	V　自我实现
↑	C　舒服	↑
C　健康	↑	C　经济效益
↑	C　美观	
C　环保		

访谈样本10

Ladder1		Ladder2		Ladder3	
		V	活力生活		
V	快乐	V	快乐 ↑	C	舒服 ↑
C	经济效益 ↑	C	美观	C	实用
A	价格				
Ladder4		Ladder5		Ladder6	
C	信任 ↑				
A	品牌				

访谈样本11

Ladder1			Ladder2		Ladder3		
V	安全 ↑				C	舒服 ↑	
C	实用	儿童发展	C	经济效益 ↑	C	美观	儿童发展
A	质量 ↗		A	价格	C	实用 ↗	

访谈样本12

Ladder1		Ladder2		Ladder3	
C	健康	V	家庭温馨	自我实现		
C	环保 ↑	C	舒服 ↑		C	经济效益 ↑
A	材料	A	设计 ↗		A	价格

访谈样本13

Ladder1	Ladder2	Ladder3
V　　快乐		
↑		
V　　内心和谐	C　　经济效益	
C　　舒服	C　　实用	C　　方便
↑		↑
A　　设计		A　　位置

Ladder4	Ladder5	Ladder6
V　　安全		
↑		
C　　信任		
↑		
A　　品牌		

访谈样本14

Ladder1	Ladder2	Ladder3
		V　　　　　幸福感
		↑
		V　　　　　内心和谐
		↑
C　经济效益　保障	C　　实用	C　经济效益　舒服
↑　↗	↑	↑　↗
A　价格	A　　材料	A　　质量

访谈样本15

Ladder1	Ladder2	Ladder3
V　　内心和谐		
↑		
C　　舒服		
↑		
C　　美观	C　　经济效益	C　　信任
↑	↑	↑
A　　设计	A　　价格	A　　品牌

访谈样本16

Ladder1		Ladder2		Ladder3	
		V	自我实现		
		V	快乐		
C	经济效益	C	环保	C	信任
	↑		↑		↑
A	价格	A	材料	A	品牌

访谈样本17

Ladder1		Ladder2		Ladder3	
				V	快乐
					↑
				C	舒服
C	美观	C	美观	C	环保
	↑		↑		↑
A	设计	A	颜色	A	材料

Ladder4		Ladder5		Ladder6
C	信任	V	内心和谐	
	↑		↑	
A	品牌	A	设计	

访谈样本18

Ladder1		Ladder2		Ladder3
V	安全	V	内心和谐	
	↑		↑	
C	实用	C	舒服	
	↑		↑	
A	材料	A	设计	

访谈样本19

Ladder1		Ladder2		Ladder3	
V	幸福感				
C	健康	C	经济效益	C	健康
A	材料	A	价格	A	质量
Ladder4		Ladder5		Ladder6	
C	信任				
A	品牌				

访谈样本20

Ladder1		Ladder2		Ladder3	
		V	安全　家庭温馨		
V	安全	C	舒服		
C	环保	C	美观	C	信任
A	材料	A	设计	A	品牌
Ladder4		Ladder5		Ladder6	
C	信任				
A	服务				

访谈样本21

Ladder1		Ladder2		Ladder3	
V	幸福感　自我实现				
V	快乐				
C	舒服				
C	美观	C	实用	C	信任
		A	质量	A	品牌

访谈样本22

Ladder1	Ladder2	Ladder3
C 舒服	C 健康	
↑	↑	
C 美观	C 环保	C 实用
		↑
A 设计		A 质量

Ladder4	Ladder5	Ladder6
	V 快乐 安全	
C 信任	C 方便	
↑	↑	
A 品牌	A 位置	

访谈样本23

Ladder1	Ladder2	Ladder3
V 快乐		
↑		
C 舒服		
C 美观	C 经济效益	C 方便
	↑	↑
	A 价格	A 位置

访谈样本24

Ladder1	Ladder2	Ladder3
V 内心和谐 自我实现		C 美观
↑		↑
C 美观 实用	C 实用	C 实用
↑	↑	↑
A 设计	A 材料	A 质量

访谈样本25

Ladder1		Ladder2		Ladder3	
V	内心和谐			C	舒服
C	经济效益	V	快乐	C	实用
	↑		↑		↑
A	价格	A	颜色	A	设计

Ladder4		Ladder5	Ladder6
V	快乐		
V	内心和谐		
C	实用　经济效益		
A	质量		

访谈样本26

Ladder1		Ladder2		Ladder3	
V	幸福感				
C	舒服				
C	美观	C	实用	C	信任
A	设计	A	质量	A	品牌

访谈样本27

Ladder1		Ladder2		Ladder3	
V	内心和谐				
C	健康　舒服	V	安全	C	舒服
C	环保	C	实用　经济效益	C	实用
		A	材料	A	设计

Ladder4		Ladder5	Ladder6
C	方便		
A	位置		

访谈样本28

Ladder1	Ladder2	Ladder3
V 安全 ↑		
C 健康 ↑		V 安全 ↑
C 环保 ↑	C 经济效益 ↑	C 信任 ↑
A 材料	A 价格	A 品牌

Ladder4	Ladder5	Ladder6
	V 内心和谐 ↑	
C 美观	C 实用 ↑	
A 颜色	A 质量	

访谈样本29

Ladder1	Ladder2	Ladder3
V 快乐 ↑		
C 美观 ↑	C 经济效益	C 经济效益 ↑
A 设计	A 质量 ↑	A 价格

访谈样本30

Ladder1	Ladder2	Ladder3
V 安全 ↑	V 内心和谐　自我实现	
C 环保 ↑	C 舒服　　实用	
A 材料	A 设计	

附录3　受访者访谈安排

一、访谈目的

通过对受访者访谈来探索大规模定制家具顾客感知价值。

二、访谈对象

有装修经历的客户。

三、访谈方式

面对面的访谈，直观、真实性强、交流沟通效果好。

四、采访准备工作

1. 事先拟定访谈提纲；

2. 预约访问时间、地址；

3. 采访内容的拟定，包括问题的准备；

4. 事前对访谈对象的背景了解和资料收集，包括受访者的工作、职务、教育背景、个人经历等。

五、访谈应准备的设备

1. 本子、笔及相关个人证件；

2. 相关记录器材；

3. 访谈提纲。

六、访谈流程

访谈阶段	时间	问题和流程
访谈开始	3 分钟	介绍访谈者及其背景
		阐述定制家具产业发展现状
		阐述访谈目的是讨论大量定制化顾客价值
		说明访谈过程及资料不涉及个人隐私泄露
访谈准备	3 分钟	评估受访者资料（性别、年龄、受教育程度、家庭构成、收入）
		询问房屋装修目的（自住、投资）
		询问是否有定制化家具经历
探索属性	20 分钟	定制化家具时考虑的因素
阶梯分析	30 分钟	为什么会是这种因素
		这些因素会给您带来什么样的结果（功能性结果和社会心理结果）
		此项结果会给您带来怎么样的价值
访谈总结	4 分钟	总结归纳问题

七、访谈内容

1. 您好，我现在在做大规模定制家具行业客户感知价值的研究，耽误您一点宝贵的时间完成这个访谈。本次访谈主要通过问答交流形式进行，访谈内容我们将严格保密！

2. 您之前有装修的经验吗？

3. 您在制定家具时会考虑哪些方面呢？（材料、设计风格、安装时间等）

4. 为什么这个因素很重要呢？

5. 这个因素会给您带来什么样的结果（功能性结果和社会心理结果）？

6. 此项结果会给您带来怎么样的价值呢?

7. 您对于此次的装修满意吗?

8. 感谢您对我们此次访谈的积极配合, 辛苦您了!

注: 可在交流中获取一些其他信息, 如定制动机、预算、年龄等问题。客户的每个因素都应分别提问。